Moscheen

Mosscheen

Die schönsten Gotteshäuser des Islams

HOHE

Moscheen. Die schönsten Gotteshäuser des Islams

Die Verlag HOHE GmbH ist ein Gemeinschaftsunternehmen
der Herder GmbH & Co. KG, Freiburg, und
BMH Buch Medien Handel GmbH, Erftstadt.

Autorin: Viola Thiem, Berlin
Einbandgestaltung: sowiesodesign.de
Einbandabbildungen: Die Abu-el-Abbas-Moschee in Alexandria, Ägypten, Hisham F. Ibrahim (oben links); das Innere der Mohamed-Ali-Moschee in Kairo, Ägypten, picture-alliance/Photoshot (oben Mitte); die Große Moschee von Djenné, Mali, picture-alliance/Photoshot (oben rechts); die Hagia Sophia, Istanbul, Türkei, picture-alliance/KPA/Hackenberg (Hauptmotiv)
Layout: Wolfgang Timm, Berlin
Produktion und Redaktion: Ina Friedrich, Saarbrücken

Gesamtherstellung: Verlag HOHE GmbH, Erftstadt
Printed in Germany 2007

ISBN 978-3-86756-029-0

Inhalt

VORWORT

Eine Moschee (arabisch: masjid, „Ort der Niederwerfung“) ist für Anhänger des islamischen Glaubens ein Ort des gemeinschaftlichen Gebets. Im Deutschen bezieht sich das Wort „Moschee“ auf alle islamischen Gebetshäuser. Im Arabischen gibt es jedoch eine Unterscheidung zwischen kleinen Privatmoscheen und den großen, öffentlichen Moscheen (arab. masjid jami), die vielerorts neben ihrer eigentlichen Funktion als Gebetsstätte auch dem muslimischen Gemeindeleben dienen. Häufig sind an Moscheen noch weitere Einrichtungen wie Koranschulen, Bibliotheken und Ähnliches angeschlossen. Besonders wichtig ist das Freitagsgebet (salat-ul-dschuma), denn der Freitag ist der islamische Feiertag. Eine Moschee muss unbedingt als solche geweiht sein und sich in muslimischem Besitz befinden.

Eine Moschee kann – wie in ihren Anfängen – ein lose eingerahmter, offener Platz sein oder auch ein gewaltiges, geschlossenes Gebäude. Dazwischen existieren Abstufungen in allen möglichen Variationen. In einer Moschee gibt es keinerlei Abbildungen von Propheten und Heiligen und auch keine religiöse Musik. Stattdessen sind Moscheen meistens mit Ornamenten und Kalligraphie geschmückt. Die meisten sind auch nur sehr spärlich möbliert. Die Predigten werden fast immer in Arabisch abgehalten, und während des Fastenmonats Ramadan wird der gesamte Koran rezitiert.

Ursprünglich hatte jede Stadt, in der es muslimische Einwohner gab, eine Zentralmoschee. Mit der weltweiten Ausbreitung des Islams und der Zunahme der Bevölkerung wurden die Moscheen aber immer mehr dezentralisiert und auf einzelne Stadtteile oder Vororte verlagert. In eroberten christlichen Ländern wurden zudem häufig Kirchen in Moscheen umgewandelt.

Die ersten drei Moscheen waren einfache, offene Plätze auf der arabischen Halbinsel. Gemäß des muslimischen Glaubens gilt die Kaaba in Mekka als allererste Moschee, die vom Urvater Abraham auf Befehl Gottes hin erbaut wurde. Als Mohammed Mekka im Jahr 630 einnahm,

wandelte er sie in ein Gotteshaus um, das nur noch dem Islam dienen sollte. Die Moschee, welche die Kaaba als solche umgibt, ist heute als Masjid al-Haram, die „Heilige Moschee", bekannt. Die erste jemals von einem Muslim gebaute Moschee ist die Quba-Moschee (Masjid al-Quba) in der Nähe von Medina. Die ersten Steine wurden vom Propheten Mohammed gesetzt, nachdem er von Mekka nach Medina ausgewandert war. Die Moschee wurde anschließend von seinen Gefährten fertig gebaut. Nur wenige Tage, nachdem er den Grundstein für die Quba-Moschee gelegt hatte, begann Mohammed die Arbeiten an einer weiteren Moschee direkt in Medina. Diese ist heute als Masjid al-Nawabi bekannt und gilt als zweitheiligste Stätte der Muslime.

Der Aufbau der meisten Moscheen ist auf der ganzen Welt recht ähnlich: Der wichtigste Teil einer Moschee ist ihr Gebetssaal (Musalla). Die Stirnseite dieses meist großen und unmöblierten Raumes beherbergt den sogenannten Mihrab, die Gebetsnische. Diese ist zwingend auf Mekka ausgerichtet und gibt den Gläubigen so die Kibla, die Richtung für ihre Gebete, vor. Der Mihrab ist in vielen Moscheen der am prächtigsten geschmückte Platz. Der geweihte Bereich einer Moschee darf nicht ohne rituelle Reinheit betreten werden. Im Gebetssaal, der häufig mit herrlichen Teppichen ausgelegt ist, befindet sich auch der Minbar, die Kanzel für den Redner. Ursprünglich war er nichts weiter als ein erhöht stehender Stuhl, den man über drei Stufen erreichte. Bald kamen weitere Stufen hinzu, und häufig wurde die Sitzfläche auch mit einem Baldachin überdacht. Später waren Minbars oft regelrechte Kunstwerke aus Holz, Stein oder Marmor, deren Seiten mit prächtigen Ornamenten verziert waren. Ein weiterer wichtiger Bestandteil, der in keiner Moschee fehlen darf, ist ein Brunnen oder Waschraum für die rituellen Waschungen, bei denen das Gesicht, beide Arme und Hände sowie die Füße gewaschen werden. Vor dem Betreten der Moschee zieht man die Schuhe aus. Strenggläubige Muslime betreten die Moschee mit dem rechten Fuß zuerst und verlassen sie mit dem linken. Häufig gibt es auch getrennte Eingänge für Männer und Frauen – wie auch die Betbereiche streng voneinander getrennt sind. Gibt es in einer Moschee keine getrennten Gebetsräume, beten die Frauen hinter den Männern.

Das Minarett, das viele unterschiedliche Formen und Größen haben kann, ist kein zwingend notwendiger Bestandteil einer Moschee, auch wenn die allermeisten zumindest ein Minarett

Bild auf Seite 6: Klassische Anordnung von Gebetsnische und Gebetskanzel in einer Moschee.
Bild auf der linken Seite: Minarett einer Moschee im Sultanat Oman.
Bild rechts: Minarett einer Moschee in Khasab, Sultanat Oman.

haben. Es hatte – vor allem in den ersten Jahrhunderten des Islams – eher eine symbolische Bedeutung, indem es die Anwesenheit einer muslimischen Gemeinde anzeigte und gleichzeitig als Wegweiser zu ihr diente. In der Anfangszeit rief der Muezzin die Gläubigen einfach vom Dach der Moschee aus zum Gebet, später stieg er dafür auf das Minarett, damit er im ganzen Stadtviertel gut zu hören war. Heute ist das vielerorts nicht mehr notwendig, da man Lautsprechersysteme installiert hat, die den gleichen Zweck erfüllen.

Im Lauf der Zeit und mit der Ausbreitung des Islams in Afrika und Asien (und auch in anderen Teilen der Welt) haben sich sieben typische Baustile herauskristallisiert, die je nach Region recht unterschiedlich sind. Sie alle basieren jedoch auf dem Grundtypus der von Mohammed in Medina gebauten Moschee. Diese war nichts weiter als ein großer, offener Platz, der von einer Mauer umgeben war. An einer Seite befand sich der Wohnbereich Mohammeds und seiner Familie. Ansonsten gab es keinerlei Ablenkungen, die den Betenden in seiner Konzentration stören konnten. Heute unterscheidet man zwischen folgenden Baustilen:

- Türkei und Balkanraum: Eine große Zentralkuppel, unter der sich der Gebetsraum befindet.

- Arabische Länder: Ein offener Innenhof und ein Gebetsraum, der sich in einer Säulenhalle befindet.

- Westafrika: Moscheen aus Lehmziegeln.

- Zentralasien: Große Torbauten, hinter denen ein Innenhof liegt, an den der Gebetsraum angeschlossen ist.

- Indien: Typische Moschee mit Dreierkuppel und breitem Innenhof.

- Indonesien und Malaysia: Zentraler Gebetsraum, der sich unter einem Stufendach befindet.

- China: Ein umfriedeter Garten mit frei stehenden Pavillons.

Auch bei modernen Moscheen findet man häufig noch die regionalen Eigenheiten wieder, je nachdem wo und von wem sie gebaut wurden. Und natürlich gibt es auch ganz moderne Bauten, die – besonders in Westeuropa und anderen westlichen Ländern – der lokalen Bauweise angepasst wurden. Kleine „Hinterhofmoscheen" sind oft auf den ersten Blick gar nicht als solche erkennbar.

In diesem Buch stellen wir Ihnen dreißig der schönsten und bekanntesten Moscheen auf der ganzen Welt vor, von denen ein Großteil diesen sieben Moscheentypen zuzuordnen ist. Die Moscheen sind nach Kontinenten aufgeführt (Europa, Asien, Afrika, Amerika und Australien) und innerhalb der Kontinente jeweils von Norden nach Süden.

Bild auf der rechten Seite: Wunderschön geschnitzter Minbar aus Córdoba.

CENTRAL MOSQUE
London

Der Islam hat eine lange Tradition in Großbritannien. Bereits im 8. Jahrhundert ließ Offa von Mercien, der sich als erster angelsächsischer König Englands bezeichnete, Münzen prägen, die eine islamische Inschrift trugen. Diese dienten vermutlich dem Handel mit dem sich immer weiter ausbreitenden islamischen Imperium in Spanien. Die Werke muslimischer Wissenschaftler waren unter der gebildeten Oberschicht Englands weit verbreitet, und Ibn Sinas (Avicenna) Kanon der Medizin galt bis ins 17. Jahrhundert hinein als Standardwerk für alle Medizinstudenten. Die erste Moschee wurde 1860 in Cardiff, Wales, gebaut. Die erste permanente muslimische Gemeinde in Großbritannien bestand aus jemenitischen Seeleuten, die sich kurz nach 1900 in Hafenstädten wie Swansea oder Liverpool niederließen. Aufgrund der Einwanderungswellen bildeten sich in vielen britischen Städten in den 1950er-Jahren zahlenmäßig starke muslimische Populationen. Heute leben in Großbritannien etwa 1,8 Millionen Muslime.

Die Central Mosque London, die aufgrund ihrer Lage manchmal auch Regent's Park Mosque genannt wird, ist mittlerweile die wichtigste Moschee Londons und der spirituelle Mittelpunkt der großen muslimischen Gemeinde der Millionenstadt. Angeschlossen an die Moschee ist das Islamic Cultural Centre.

Die goldene Kuppel am Regent's Park

Am 24. Oktober 1940 stellte das englische Kabinett unter Premierminister Winston Churchill insgesamt £ 100.000 zur Verfügung, um ein Gelände für den Bau einer Moschee zu kaufen. Damit sollte die große muslimische Bevölkerung des Britischen Imperiums gewürdigt werden. Außerdem sollte die Moschee als Anerkennung der treuen Dienste dienen, welche die muslimischen Soldaten im Zweiten Weltkrieg Großbritannien und seinen Verbündeten geleistet hatten. Ein Moscheen-Komitee, bestehend aus sieben muslimischen Diplomaten und angesehenen muslimischen Bürgern Großbritanniens, nahm das Geschenk dankend an. Bei dem schließlich ausgewählten Gelände handelte es sich um ein 9.300 m^2 großes „Filetstück" im Herzen Londons, direkt am Regent's Park. 1947 wurde vom Moscheen-Komitee eine Treuhändergesellschaft gegründet (London Central Mosque Trust Limited). Seit 1995 gehören dieser Mitglieder aus 29 muslimischen Staaten an.

Das Islamic Cultural Centre wurde im November 1944 vom damaligen König George VI. feierlich eröffnet. Es gab viele Pläne zum Bau der gewünschten Moschee, jedoch traten immer wieder Schwierigkeiten bei der Genehmigung der Baupläne auf, sodass viele Jahre lang nichts weiter geschah. Im Rahmen eines internationalen Wettbewerbs einigte man sich 1969 dann schließlich auf den Entwurf des britischen Architekten Sir Frederick Gibberd. Der saudische König Faisal Bin Abdul Aziz al-Saud spendete £ 2 Millionen für den Bau der Moschee. Weitere großzügige Spenden kamen aus Abu Dhabi und aus den Vereinigten Arabischen Emiraten. Nach einer Bauzeit von rund sieben Jahren und Gesamtkosten in Höhe von £ 6,5 Millionen wurde die Moschee im Juli 1977 endlich fertig gestellt.

Bild auf der vorigen Seite: Scheich Anwar Mady, stellvertretender Direktor der Central Mosque London, vor der Moschee.
Bild oben: Betende Muslime vor der London Central Mosque.

Auffälligstes Merkmal der Moschee, die nur ein einzelnes, 33 m hohes Minarett hat, ist ihre leuchtend goldene Kuppel. Abgesehen von diesen traditionellen Aspekten ist sie ein modernes Bauwerk im Stil der 1970-er Jahre, das große Ähnlichkeit mit anderen Bauwerken ihrer Zeit aufweist. Neben der eigentlichen Moschee gibt es noch eine Bibliothek mit über 20.000 Werken, einen muslimischen Buchladen, ein Halal-Restaurant, Konferenzräume, Verwaltungsgebäude und Veranstaltungsräume. Im Jahr 1994 wurde durch eine erneute großzügige Spende des saudischen Königs Fahad Bin Abdul Aziz der neue Verwaltungskomplex fertig gestellt.

Das Minarett und die vergoldete Kuppel der Central Mosque London.

Das Hauptgebäude der Moschee besteht nur aus den zwei Gebetsräumen für Männer und Frauen. Alle anderen Räume sind im dreistöckigen Seitenflügel untergebracht. Der Hauptgebetsraum der Central Mosque London, der natürlich auf Mekka ausgerichtet ist, fasst ungefähr 2.000 Gläubige. Im Sommer kommen aber häufig weit über 6.000 Gläubige, von denen ein Großteil nur auf dem Vorhof der Moschee Platz findet, zu den Freitagsgebeten. Für Frauen gibt es einen separaten Gebetsraum. Zu zwei der wichtigsten muslimischen Feiertage (Eids) kommen jährlich über 50.000 Gläubige aus ganz England in die Moschee, die zum Gebet in sechs Gruppen aufgeteilt werden.

Das wohl beeindruckendste Merkmal des Gebetsraumes ist der gewaltige Kronleuchter in der Kuppel. Ansonsten ist der Raum, abgesehen von Teppichen, unmöbliert. Besucher sind in der Moschee während der normalen Öffnungszeiten jederzeit willkommen. Wie üblich müssen dabei Knie und Schultern bedeckt sein, und Frauen müssen zusätzlich ihren Kopf bedecken. Die Kopftücher kann man sich kostenlos im Buchladen ausleihen.

ECKDATEN

Bauzeit: 1970–1977
Stil: klassischer 70er-Jahre-Stil mit wenig orientalischen Einflüssen
Architekt: Sir Frederick Gibberd
Interessant: Der Hauptgebetsraum ist bis auf den Kronleuchter fast völlig leer.

الله
محمد

SEHITLIK-MOSCHEE
Berlin

Die Geschichte des Islams begann in Berlin nicht erst mit der Einwanderung der ersten Gastarbeiter in den 1960er-Jahren. Auf dem historischen Friedhof am Columbiadamm sprechen die alten muslimischen Grabsteine ihre eigene Sprache. Bereits am 3. Juni 1797 kam der erste ständige Botschafter des Osmanischen Reiches, Ali Aziz Efendi, unter der Herrschaft Sultan Selims III. nach Berlin und nahm dort seinen Dienst auf. Am 29. Oktober 1798 starb er – ebenfalls in Berlin –, und da es damals noch keine Möglichkeit zur Überführung in seine Heimat gab, musste er auch in Berlin beigesetzt werden. Gemäß des muslimischen Glaubens ist es wichtig, dass ein Toter so schnell wie möglich, möglichst noch am Todestag, beerdigt wird.

Der preußische König Friedrich Wilhelm III. kaufte ein Gelände in Tempelhof, das er für die Beerdigung des osmanischen Botschafters zur Verfügung stellte. Ali Aziz Efendi war damit der erste Muslim, der in Berlin beigesetzt wurde. Im Lauf der Zeit geriet der Friedhof jedoch in Vergessenheit. Erst 1836 wurde er durch einen Zufall von einem Bauern wiederentdeckt und auf Veranlassung des Königs restauriert. Im Jahr 1839 wurde dort auch der osmanische Botschafter Katib Rahmi Efendi beigesetzt. 1863 wurde der Friedhof an seinen heutigen Platz verlegt, da das alte Gelände zum Bau einer Kaserne gebraucht wurde. Er war viele Jahre lang der einzige muslimische Begräbnisort in ganz Mitteleuropa, was dazu führte, dass Angehörige vieler Volksstämme, neben Türken u. a. auch Araber, Perser und Afghanen, dort ihre letzte Ruhe fanden.

1921 wurde der Friedhof durch das Zukaufen eines 700 m^2 großen Geländes erweitert. Auch der letzte osmanische Botschafter in Deutschland, Haziz Sükrü Efendi, wurde dort bestattet. Der türkische Geistliche und Friedhofspfleger Hafiz Schükri Bey ließ auf dem Gelände ein kleines Wohnhaus bauen. 1938 wurde das historische Eingangsportal des Friedhofs abgerissen. 1963 wurde das Friedhofsgelände noch einmal erweitert, sodass es heute rund 2.500 m^2 umfasst. Zwischen 1983 und 1985 wurde das Wohnhaus Beys in eine kleine Moschee umgebaut. 2004 entstand an Ort und Stelle schließlich die Sehitlik-Moschee, die heute eine der größten Moscheen Berlins ist. Auf dem Friedhof selbst besteht seit knapp 20 Jahren ein Beerdigungsstopp, sodass Angehörige muslimischer Nationen heute wieder in ihre Heimatländer überführt oder auf dem neuen Friedhofsgelände in Berlin-Gatow beigesetzt werden.

In der deutschen Hauptstadt

Die Sehitlik-Moschee samt der Nachbargebäude wurde 1999–2004 nach Entwürfen des türkischen Architekten Hilmi Selnap (Hassa Mim. Müh. Ltd. AS) gebaut. Dieser hatte bereits die Entwürfe der Moschee von Askabat in Turkmenistan und der Moschee von Tokio in Japan gefertigt. Der Grundstein wurde 1999 gelegt, und der Rohbau erfolgte unter der Leitung des Berliner Architekten Tarkan Akarsu. Ihren Namen übernahm die Moschee vom benachbarten muslimischen Friedhof. Sehitlik ist abgeleitet von „Sehit“ (Märtyrer). Der Bau umfasst ein Kulturzentrum samt Moschee und gliedert sich in drei Bauabschnitte, wobei nur die erste Phase bereits vollständig abgeschlossen ist. Dieser insgesamt 940 m^2 große Bauabschnitt beinhaltet den Keller, das Erdgeschoss sowie das erste Stockwerk, in dem sich die eigentliche Moschee befindet. Zur Zeit befindet sich im Erdgeschoss, das 3,5 m hoch ist, noch der Gebetsraum; später soll es jedoch eher als Versammlungsraum und ggf. als Ersatz- bzw. zusätzlicher Gebetsraum genutzt werden. Ab dem ersten Stockwerk sind auch die Minarette – es gibt insgesamt zwei – zu sehen. Diese sind, vom Erdboden bis auf den Halbmond gerechnet, jeweils ca. 37 m hoch. Die erste Etage ist von der Fläche her nur etwa halb so groß wie das Erdgeschoss, da die Hälfte des Geschosses als Terrasse angelegt wurde.

Bild auf der vorigen Seite: Der Minbar der Sehitlik-Moschee in Berlin.
Bild oben: Ein schöner Blick auf das ungewöhnliche Vordach der Sehitlik-Moschee.

Der zweite Bauabschnitt, der die komplette Moschee inklusive Keller, Erdgeschoss, erstem Stock und Galerie umfasst, hat eine Bruttogeschossfläche von 1.360 m^2. Das Galeriegeschoss dient in erster Linie als Gebetsraum für die Frauen. Zugang zum Galeriegeschoss, das sich in der Moscheehülle befindet, erhält man sowohl über den ersten Stock als auch über das Erdgeschoss. Die Hauptkuppel hat einen Durchmesser von 12 m. Ihr Gewicht wird durch die acht Halbkuppeln auf die Außenwand und von dort aus weiter auf das Fundament geleitet. Der erste Stock ist inklusive Hauptkuppel ca. 15,50 m hoch.

Der dritte Bauabschnitt befindet sich noch in der Planung, jedoch soll in absehbarer Zeit mit den Bauarbeiten begonnen werden. Er wird insgesamt 505 m^2 umfassen. Nach Abschluss aller Bauarbeiten werden dem Kulturzentrum 2.805 m^2 Grundfläche zur Verfügung stehen.

Architektonisch ist die Moschee stark an die osmanische Bauweise aus dem 16. und 17. Jahrhundert angelehnt, die wiederum auf der Seldschuken-Architektur fußt. Es war die Zeit des größten osmanischen Architekten Mimar Sinan, der unter anderem die Süleymaniye-Moschee in Istanbul, die Selimiye-Moschee in Edirne sowie das Wahrzeichen von Thessaloniki, den Weißen Turm, baute. Charakteristisch für die klassische osmanische Bauweise sind Moscheen mit vielen Säulen und einem eher kleinen Zentralraum. Moscheen aus dieser Periode wurden nach dem vier, sechs oder acht Kuppeln tragenden Pfeilerplan gebaut. Die Sehitlik-Moschee wurde in Form eines Achtecks aus kuppeltragenden Pfeilern und Säulen gebaut. Ein anderes klassisches Beispiel für diese Bauweise ist die Selimiye-Moschee in Edirne (Türkei), die ebenfalls in diesem Buch aufgeführt wird. Eine Besonderheit der Sehitlik-Moschee ist ihr Vordach, das man bei Moscheen nur sehr selten findet. Es kam hier zur Anwendung, um eine Einheitlichkeit des gesamten Gebäudekomplexes aus Moschee und Kulturzentrum zu erreichen.

Die Sehitlik-Moschee aus der Luft gesehen.

Der Innenraum der Moschee besteht aus einer Mischung aus Keramik und Marmor. In der klassischen Periode kam eine derartige Mischung von Baumaterialien nicht vor. Es ist ein weiterer Punkt, der die Sehitlik-Moschee von anderen Moscheen der klassischen Periode unterscheidet. Der beim Bau verwendete Marmor stammt von der Insel Marmara in der Türkei. Dort wurde seit dem Altertum weißer Marmor abgebaut, der vor allem in der frühbyzantinischen Zeit im gesamten Mittelmeerraum verwendet wurde. Der Marmorabbau ist auch heute noch der Haupterwerbszweig auf der Insel. Die Keramik stammt aus der türkischen Stadt Iznik. Sie wurde in Handarbeit geformt, gestaltet und gefärbt. Die Fliesen sind ein wahres Meisterwerk der Handarbeitskunst und kommen seit Jahrhunderten beim Bau von Moscheen und Palästen zum Einsatz. Iznik-Keramik kann man auch in der Selimiye-Moschee (Edirne) sowie im Topkapi-Palast (Istanbul) bewundern.

Das Innere der Moschee ist reich mit Kalligraphie verziert. So befinden sich z. B. die Namen Allah, Mohammed, Abu Bakr, Omar, Osman, Ali, Hasan und Hüseyin auf Platten, die den Übergang von der Hauptkuppel zu den kleinen Kuppeln bilden. Auf der Hauptkuppel stehen – der Tradition entsprechend – die Verse Ihlas-i Serif. Sie wurden mit 23-karätiger Goldverzierung ausgeführt. Dabei mussten die Größe und Dicke der Buchstaben sorgsam auf den Abstand zwischen der Kuppel und dem Boden abgestimmt werden, denn die Buchstaben dürfen später für den Lesenden weder zu groß noch zu klein sein.

Die Gebetssprache in der Sehitlik-Moschee ist überwiegend Arabisch, nach Bedarf aber auch Türkisch. Inzwischen finden in der Moschee nahezu alle Beerdigungszeremonien der großen islamischen Gemeinde Berlins statt.

ECKDATEN

Bauzeit: 1999–2004
Stil: klassischer osmanischer Stil
Architekt: Hilmi Selnap
Interessant: Eine der sehr seltenen Moscheen mit einem Vordach.

ECKDATEN

Bauzeit: 1922–1926
Stil: maurischer Stil
Architekten: Robert Fournez, Maurice Mantout und Charles Heubès
Interessant: Während der Besetzung Frankreichs im Zweiten Weltkrieg wurden in der Großen Moschee von Paris Juden versteckt und mit muslimischen Papieren versehen.

Bild oben: Arkadengang im Innenhof der Großen Moschee von Paris.
Bild unten rechts: Blick in den liebevoll angelegten Garten der Moschee.
Bild unten links: Das im maurischen Stil gehaltene Minarett der Pariser Moschee.

GROSSE MOSCHEE
Paris

Die Große Moschee von Paris, die sich hinter dem Institut du Monde Arab befindet, ist die älteste Moschee Frankreichs. Sie wurde 1922–1926 von den Architekten Robert Fournez, Maurice Mantout und Charles Heubès mit der Hilfe von arabischen Kunsthandwerkern nach einem Entwurf von Maurice Tranchant de Lunel gebaut. Finanziert wurde das Bauprojekt von der französischen Regierung – als Dank für die nordafrikanische Unterstützung im Ersten Weltkrieg und auch als Würdigung der knapp 100.000 gefallenen Muslime. Ein Großteil der muslimischen Bevölkerung Frankreichs stammt aus den nordafrikanischen Ländern, und so ist dieser Einfluss beim maurischen Baustil der Moschee, der stark an die spanische Alhambra angelehnt ist, unübersehbar. Die Große Moschee von Paris wurde am 15. Juli 1926 vom damaligen französischen Präsidenten Gaston Doumergue feierlich eingeweiht.

Die Moschee wurde aus verstärktem Beton gebaut und außen weiß verputzt. Das einzige Minarett ist 33 m hoch. Es gibt mehrere kleinere Innenhöfe mit Gärten, in denen man Ruhe und Abgeschiedenheit findet. Die Innenhöfe sind mit wunderbaren Holzschnitzarbeiten aus dunklem Eukalyptus- und Zedernholz verziert, die einen beeindruckenden Kontrast zu den weißen Wänden der Moschee bilden.

Im Inneren befindet sich das Grab des ersten Imams, Si Kaddour Benghabrit, eines ganz besonderen Mannes, der über alle Grenzen seines Glaubens hinwegsah und – während Hitlers Armee auf Paris zumarschierte – über 100 Juden im Keller der Moschee versteckte, sie mit Papieren versah, die sie als Muslime ausgaben, und ihnen so das Leben rettete. Da es der Vichy-Regierung anschließend nicht gelang, Beweise für Benghabrits Handeln zu finden, blieb er die ganze Zeit über völlig unbehelligt und starb in den 1960er-Jahren.

Die eigentliche Gebetshalle ist nicht sehr groß. Sie ist der einzige Ort der Moschee, der von Nicht-Muslimen nicht betreten werden darf. Der Rest der Moschee steht Besuchern zur Besichtigung offen und lässt sie mit der reichen islamischen Kultur in Berührung kommen, die heute für nahezu 8 % der Franzosen das Leben bestimmt. Mit knapp 5 Millionen Gläubigen ist der Islam inzwischen die zweitstärkste Religion in Frankreich. Ein Problem stellt dabei der strenge Laizismus – d. h. die komplette Trennung zwischen dem Staat und den Religionsgemeinschaften – Frankreichs dar. Dieser führte dazu, dass nirgendwo im Land islamische Geistliche ausgebildet wurden, sodass nur knapp ein Drittel der französischen Imame überhaupt fließend Französisch spricht. Der derzeitige Imam der Großen Moschee, Dalil Boubakteur, stammt z. B. aus Algerien. Inzwischen gibt es aber Bestrebungen, aus dem Islam in Frankreich einen „französischen Islam" zu machen.

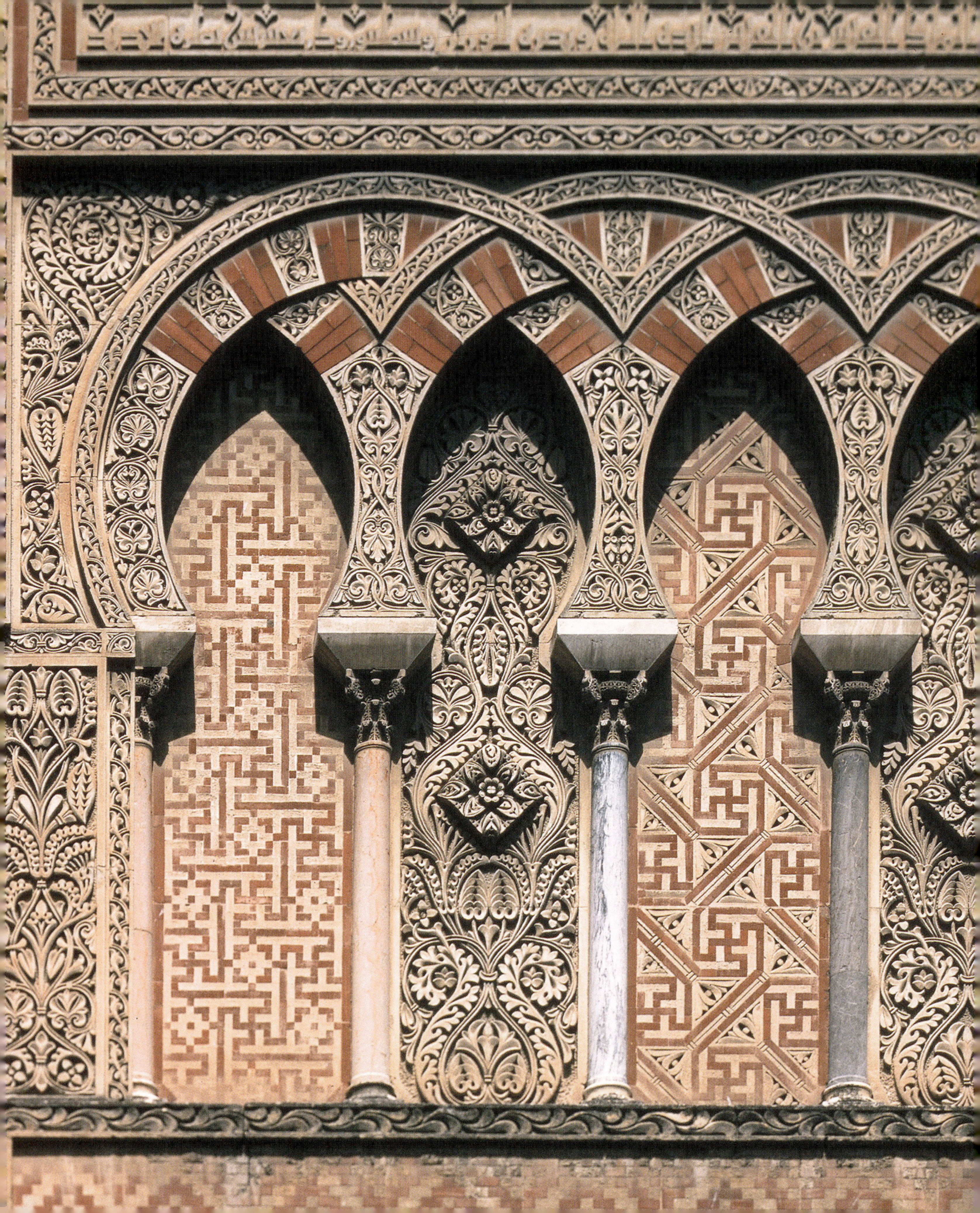

LA MEZQUITA

Córdoba

Córdoba, das am Rio Guadalquivir liegt, ist die drittgrößte Stadt Andalusiens. Die Geschichte der Stadt kann bis zu einer iberischen Siedlung zurückverfolgt werden, die im Jahr 169 v. Chr. von den Römern besetzt wurde und sich in der Folgezeit als Corduba zum Hauptort Südspaniens entwickelte. Im 3. oder 4. Jahrhundert wurde es sogar Bischofssitz. Im Jahr 711 wurde Corduba von den Arabern erobert und war schon bald die Hauptstadt des islamischen Emirats in al-Andalus. Im 10. Jahrhundert wurde in der Stadt das Omaijaden-Kalifat von Córdoba gegründet. Córdoba war zu diesem Zeitpunkt mit einer knappen halben Million Einwohnern eine der größten Städte der Welt. In den folgenden Jahrhunderten wechselte die Herrschaft mehrfach: Auf die Omaijaden folgten die Djawahniden, danach kamen die Abbadiden, dann die Almoraviden und schließlich die Almohaden. Im Jahr 1236 wurde die Stadt dann im Rahmen der Réconquista von christlichen Truppen für Kastilien erobert.

Der erste Eindruck, den man erhält, wenn man auf die Mezquita in Córdoba zugeht, ist der einer gewaltigen Festung. Das ist nicht weiter verwunderlich, ist die Mezquita, die ursprünglich Aljama-Moschee hieß, mit ca. 23.000 m^2 doch die drittgrößte Moschee der Menschheitsgeschichte und die größte Moschee auf europäischem Boden. Überall an der Außenseite gibt es gewaltige Türen, die jedoch alle verschlossen sind. Dies geschah, als die Moschee in eine Kathedrale umgewandelt wurde. In maurischen Zeiten waren die meisten der Türen geöffnet, sodass die Mezquita einen viel helleren, freundlicheren Eindruck machte, als man sich das heute vorstellen kann. Heute ist La Mezquita die Kathedrale von Córdoba, deren offizieller Name „Maria-Empfängnis-Kathedrale" ist.

Der Ort, an dem die Mezquita steht, war schon seit römischen Zeiten heilig. Zuerst befand sich an der Stelle ein römisch-heidnischer Tempel. Im 7. Jahrhundert, nach dem Fall des Römischen Reiches, errichteten die neuen Herrscher Spaniens, die Westgoten, an Ort und Stelle die Kirche San Vicente.

Das Wahrzeichen Córdobas

Bild auf Seite 22: Blendbögen an der Ostfassade der Mezquita.
Bild auf Seiten 24/25: Stimmungsvolle Gesamtaufnahme der Mezquita.
Bild oben: Die Säulenhalle der Mezquita mit einigen der 856 noch erhaltenen Säulen.

ECKDATEN

Baubeginn: 786 n. Chr., ständige Erweiterungen in den nächsten 200 Jahren
Stil:
spät-omaijadischer Stil
Bauherr:
Emir Abd ar-Rahman I.
Interessant: Die Kibla zeigte ursprünglich nicht genau nach Mekka, sondern war etwas weiter südlich ausgerichtet.

Im frühen 8. Jahrhundert eroberten die Mauren Spanien. Abd ar-Rahman I., der erste omaijadische Emir Córdobas, das zu diesem Zeitpunkt die größte und reichste Stadt Europas war, gab schließlich 784 n. Chr. den Bau der Mezquita in Auftrag. Er gab damit dem Drängen der immer größer werdenden muslimischen Gemeinde nach, die für ihre Freitagsgebete einen festen Ort suchte – eine Hauptmoschee –, an dem sie alle Platz finden würden. Anfangs teilten sich Christen und Moslems noch die Kirche San Vicente und beteten im gleichen Raum. Später zahlte der Emir die Christen jedoch aus, ließ die Kirche abreißen und mit dem Bau der Moschee beginnen. Wie sehr er dabei noch an sein altes Heimatland Syrien dachte, beweist eine verblüffende Tatsache: Die Kibla, der Orientierungspunkt, der in allen Moscheen die Gebetsrichtung gen Mekka vorgibt, ist in der Mezquita auf einen Punkt etwas weiter südlich ausgerichtet. Würde die Moschee jedoch anstatt in Córdoba in Damaskus stehen, würde die Kibla genau auf Mekka ausgerichtet sein!

Das Gebäude, das schließlich entstand, war ein Meisterwerk andalusischer Baukunst. Es bestand im Inneren aus einem regelrechten Wald aus Säulen und doppelten Hufeisenbögen aus Jaspis, Onyx, Marmor und Granit. Der erste Bauabschnitt wurde noch zu Lebzeiten Abd ar-Rahmans fertig gestellt, und so bestand die neue Hauptmoschee Córdobas aus insgesamt elf Schiffen, die durch zehn Säulenreihen mit 120 Säulen voneinander getrennt wurden. Für den nächsten Bauabschnitt zeichnete Abd ar-Rahmans Sohn Hischam I. verantwortlich, dessen herausragendster Beitrag das eigentümliche quadratische Minarett war. Abd ar-Rahman II. verdoppelte den Säulenwald in südlicher Richtung nahezu und ließ einen wirklich großartigen Mihrab bauen. Abd ar-Rahman III., der nicht nur Emir, sondern auch Kalif (der Herrscher aller Gläubigen des gesamten Westens) war, ließ – nachdem er nach vielen politischen Wirren sein Reich neu geordnet hatte – ein neues Minarett bauen. Unter der Herrschaft al-Hakams II. wurde die Moschee nochmals in südlicher Richtung erweitert. Sie war nun etwa dreimal so groß wie die ursprüngliche Moschee. Außerdem veranlasste er den Bau eines überaus prächtigen Minbars. Unter al-Hakam geschah jedoch auch etwas Unerhörtes: Er ließ Teile der Moschee für sich selbst abtrennen und verstieß so eklatant gegen das muslimische Gebot, dass alle Gläubigen vor Gott gleich sind. Die letzte Erweiterung erfolgte 987 durch den Wesir al-Mansur Ibn Abi Aamir, der die Gebetshalle um das Doppelte vergrößern ließ. Dies erreichte man, indem acht Längsschiffe über die gesamte Länge der Moschee hinweg neu eingezogen wurden. Die Mezquita besaß nun einen Säulenwald aus unglaublichen 1.409 Säulen. Die wichtigste Veränderung, die al-Mansur mit seinem Anbau vornahm, bewirkte jedoch, dass die Moschee nun endlich direkt nach Mekka ausgerichtet war. Nach diesem

Umbau hatte die Mezquita 19 Säulengänge. Die Südwand war, genau wie die Kiblawand, knapp 128 m lang. Die große Gebetshalle umfasste nunmehr eine Fläche von 115 x 128 m, und der Innenhof war 60 x 128 m groß. Sieht man von den folgenden christlichen Umbauten ab, hatte die Mezquita zu diesem Zeitpunkt bereits das Erscheinungsbild, das wir heute kennen.

Trotz des Zusammenbruchs des Kalifats 1031 n. Chr. blieb die Moschee von Córdoba zunächst bestehen. 1236 sollte sich dies jedoch ändern, als Ferdinand III. von Kastilien Córdoba zurückeroberte, an der Spitze seiner Armee in die Stadt einmarschierte und die Moschee prompt zur christlichen Kirche weihen ließ. Bereits am nächsten Tag betete er in der Mezquita. Die folgenden Umbauten – Alfons X. ließ die Villaviciosa-Kapelle und eine königliche Kapelle bauen – fielen eher gering aus. Große Veränderungen fanden erst wieder 1523 auf Veranlassung Karls I. von Spanien statt, als im mittleren Teil der Moschee die Säulen entfernt wurden, um Platz für eine richtige Kirche zu schaffen. Im Gegensatz zur relativ schmucklosen Eleganz der Moschee wirkte die Kirche jedoch eher protzig und stillos. Von einem gelungenen Umbau konnte man beim besten Willen nicht reden. Im 14. Jahrhundert ließ Enrique II. die gesamte Kathedrale erneut umbauen. Das Minarett der Moschee wurde kurzerhand in einen Kirchturm umgewandelt – es wurde dabei als Kern der neuen, barocken Hülle benutzt. Im Inneren kann man heute noch überall die zugemauerten maurischen Bögen erkennen.

Gewaltiges Eingangstor in den Innenhof der Mezquita.

Aufgrund ihrer langen Geschichte findet man im Inneren der Mezquita architektonische „Schätze" vieler Stilrichtungen und Epochen. So sind die Säulen und ihre Kapitelle nicht etwa einheitlich, sondern spiegeln griechisch-römische, ägyptische und auch westgotische Bauweisen wider. Ein Großteil der Säulen wurde von den maurischen Baumeistern ohnehin nicht selbst gefertigt, sondern aus der westgotischen Kirche sowie aus Privathäusern der Westgoten und Römer in der Stadt übernommen. Erst als ihnen die so erworbenen Säulen ausgingen, mussten eigene angefertigt werden. Ein Grundproblem war jedoch die viel zu geringe Höhe der Säulen. Dies zwang die Baumeister zur Erfindung der großartigen doppelstöckigen Bögen, die schließlich hoch genug waren, um das Dach der Moschee zu tragen. Heute sind nur noch 856 der ursprünglich 1.409 majestätischen Säulen übrig.

Dr. Allama Muhammad Ikbal war 1931 der erste Muslim, der wieder in der Mezquita beten konnte. Eine generelle Öffnung für muslimische Gläubige lehnte Bischof Juan Jose Asenjo jedoch ab.

SELIMIYE-MOSCHEE
Edirne

Edirne liegt im Dreiländereck Bulgarien–Griechenland–Türkei, im europäischen Teil der Türkei. Die Stadt gilt quasi als das Tor zur Türkei und ist sehr alt: Die ersten Ansiedlungen stammen aus dem 5. Jahrhundert v. Chr. und sollen von den Thrakern errichtet worden sein. Das Gebiet war viele Jahrhunderte lang Schauplatz von Auseinandersetzungen zwischen Ost und West. Im Jahr 1361 fiel Edirne schließlich unter osmanische Herrschaft und war 1365–1453 Hauptstadt des Osmanischen Reiches. Im 18. Jahrhundert war Edirne sogar eine der sieben größten europäischen Städte. Heute ist es „nur" noch die Hauptstadt der umliegenden Provinz.

In Edirne gibt es heute etwa 80 Moscheen. Der Selimiye-Komplex, der auf einem Hügel über der Stadt thront, wurde 1568–1575 auf Veranlassung des Sultans Selim II. vom türkischen Baumeister Sinan gebaut. Er besteht aus einem 90 x 130 m großen Hof, in dessen Zentrum sich die Moschee befindet. Südlich der Moschee liegen die Medrese (Schule) und ein weiteres Schulgebäude. Der Basar an der Westfassade sowie die Koranschule hinter der Moschee wurden erst später gebaut. Vor der Moschee befindet sich ein Hof mit dem Kar-Mustafa-Pascha-Brunnen.

علي

Über den Dächern der Stadt

Architektur hat in der muslimischen Kultur einen besonderen Stellenwert, da sie die einzige künstlerische Ausdrucksmöglichkeit war, nachdem die Bildhauerei im Islam verboten war. Mimar Sinan (1490–1588) war der bedeutendste osmanische Architekt und gilt als Vater der osmanischen Baukunst. Er wurde als Sohn christlicher Eltern in dem kleinen kappadokischen Dorf Agarnos geboren und auf den Namen „Johannes" getauft. Durch die sogenannte Knabenlese – eine im Osmanischen Reich praktizierte Zwangsrekrutierung und Islamisierung christlicher Jugendlicher, um sie für den Armeedienst im Janitscharenheer einzusetzen – gelangte er 1511 nach Istanbul. Dort wurde er bereits im Ingenieurswesen unterrichtet. Während der Feldzüge hatte der junge Mann Gelegenheit, alte Bauwerke in vielen Teilen der Welt zu besichtigen. Bei seinen eigenen Projekten griff er später auf die dabei gewonnenen Erfahrungen zurück. Im Lauf seiner Karriere soll Sinan 84 große Moscheen (Camii), 52 kleinere Moscheen (Mescit), 57 Koranschulen, 46 Badehäuser (Hamam), 35 Paläste (Saray), 22 Grabmäler (Türbe), 18 Karawansereien, 17 Armenküchen (Imaret), acht Brücken, acht Lagerhallen, fünf Aquädukte und drei Krankenhäuser gebaut haben. Die meisten davon befanden sich in der Umgebung von Istanbul. Sein erstes bedeutendes Bauwerk war die Schehzade-Moschee in Istanbul. Als sein schönstes Bauwerk gilt die Süleymaniye-Moschee, ebenfalls in Istanbul. Sinan selbst, der zu diesem Zeitpunkt bereits 80 Jahre alt war, sprach von der Selimiye-Moschee als seinem Meisterwerk. Sie war der krönende Abschluss einer langen Karriere und ist beispielhaft für den osmanischen Baustil, bei dem eine große Hauptkuppel, von einem Achteck aus Säulen getragen, über einem quadratischen Grundriss thront.

Die Selimiye-Moschee hat vier 71 m hohe Minarette, die jeweils drei Umgänge haben, zu denen man über drei getrennte Treppenaufgänge gelangt. Zu Zeiten des Osmanischen Reiches waren die Minarette die höchsten jemals gebauten. Die Hauptkuppel, die ebenfalls die größte der osmanischen Architektur war, ruht auf einem Achteck und wird von acht riesigen Säulen getragen. Sie hat einen Durchmesser von etwa 31 m und ist – vom Boden an gerechnet – gut 43 m hoch. In der Mitte der Moschee steht eine Tribüne für den Muezzin, die von zwölf Marmorsäulen getragen wird. Unter der Tribüne befindet sich ein Brunnen, der ebenfalls aus Marmor besteht.

ECKDATEN

Bauzeit: 1568–1575
Stil: klassischer osmanischer Stil
Architekt: Mimar Sinan
Interessant: Die Moschee besitzt einen einzigartigen, aus Marmor gefertigten Minbar.

Berühmt ist die Moschee vor allem für die wunderbaren Lichtverhältnisse, die in ihrem Inneren herrschen, und für den Minbar, der ganz aus Marmara-Marmor besteht und in filigraner Durchbrucharbeit gefertigt wurde. Die meisten dieser Kanzeln bestanden zu jener Zeit aus Holz – nur die wichtigsten wurden aus Marmor gefertigt, und der Minbar der Selimiye-Moschee galt als einer der wichtigsten und sicherlich als der schönste der gesamten osmanischen Architektur. Weltberühmt sind auch die Iznik-Fliesen, von denen ein Teil nach Russland „entführt" wurde, nachdem Edirne 1878 im Türkisch-Russischen Krieg von den Russen besetzt wurde. Besonders die Fliesen um die Gebetsnische (Mihrab) und die Apfelbaumfliesen an der Sultansloge machen die Selimiye-Moschee einzigartig. Sie waren zu ihrer Zeit die wertvollsten Fliesen überhaupt. Die Kalligraphie im Inneren der Moschee wurde von Hasan Celebi Karahisari gefertigt.

Die Medrese und das zweite Schulgebäude wurden 1572–1573, also noch vor der Moschee selbst, fertig gestellt. Jedes Gebäude besteht aus 13 Zimmern und einem Klassenzimmer, die um einen quadratischen Innenhof herum angeordnet sind. Die Zimmer und Klassenzimmer sind ebenfalls quadratisch und werden von kleinen Kuppeln bedeckt. Während die Moschee selbst ganz aus Stein besteht, wurden diese Gebäude mit einer Mischung aus Stein und Ziegeln gebaut.

Bild auf Seite 28: Die Selimiye-Moschee in Edirne mit ihren vier schlanken, bleistiftartigen Minaretten.
Bild auf Seiten 30/31: Die reich verzierte Decke im Inneren der Moschee.
Bild auf Seite 32: Die im klassisch-osmanischen Stil gebaute Selimiye Moschee.
Bild oben: Das Denkmal Mimar Sinans, des größten osmanischen Baumeisters.
Bild unten: Wandverkleidung aus Iznik-Keramik mit floralen Motiven.

Der Basar an der Westfront der Moschee wurde von dem Architekten Davud Agha gebaut und sollte ein Einkommen für die Moschee bieten. Das Gebäude besteht aus einem 225 m langen Hauptteil und einem kleineren Abzweig, der im rechten Winkel zum Hauptgebäude liegt. Dieser Abzweig befindet sich auf einer Achse mit dem Seiteneingang zum Innenhof der Moschee, und der Übergang wird durch eine Kuppel markiert.

SULTAN-AHMET-MOSCHEE
Istanbul

Sultan Ahmet I. bestieg 1603, im Alter von 14 Jahren, als Nachfolger von Mehmet III. den Thron des Osmanischen Reiches und wurde so zum ersten minderjährigen Herrscher der Osmanen. Er war ein sehr religiöser Mann und gab, um dies zu verdeutlichen, den Auftrag, eine Moschee zu bauen, die sich mit der Hagia Sophia messen konnte. Lange wurde nach einem geeigneten Standort für die neue Moschee gesucht. Man fand ihn schließlich, doch stand an diesem Ort noch der Palast von Ayse Sultan. Der Eigentümer erhielt kurzerhand eine Abfindung, und der Palast wurde abgerissen. Die neue Moschee sollte genau gegenüber der Hagia Sophia gebaut werden, denn Sultan Ahmet wollte beweisen, dass osmanische bzw. muslimische Architekten ihren christlichen Vorgängern in nichts nachstanden. 1609 begann der Architekt Sedefkar Mehmet Aga, ein Schüler Sinans, mit dem Bau der Moschee. Dabei sollten weder Kosten noch Mühen gescheut werden, um das schönste und großartigste Gotteshaus auf der ganzen Welt zu erschaffen.

Der Legende nach ging der Größenwahn des Sultans gar so weit, von seinem Architekten zu verlangen, die Minarette komplett zu vergolden. Da dies Agas Budget aber weit überstiegen hätte, überlistete er den Sultan. Er tat so, als hätte er sich verhört und machte aus dem türkischen Wort „altin“ (Gold) die Zahl „alti“ (sechs), sodass die Moschee sechs Minarette bekam – die aber natürlich nicht vergoldet wurden. Die Sultan-Ahmet-Moschee war damit die einzige Moschee Istanbuls, die sechs Minarette besaß. Diese Anzahl war jedoch eigentlich der heiligen Moschee in Mekka vorbehalten. Sultan Ahmet konnte seinen Frevel wiedergutmachen, indem er der Moschee in Mekka ein siebtes Minarett stiftete.

Die Blaue Moschee am Bosporus

Im Jahr 1616, nur ein Jahr vor dem frühen Tod des jungen Sultans, war das Werk schließlich vollendet. Da es Aga nicht gelang, die Kuppel der Sultan-Ahmet-Moschee größer zu bauen, als die der Hagia Sophia, sollte sie diese durch die Perfektion der Proportionen ihrer Kuppeln, Halbkuppeln und Minarette verblassen lassen. Trotzdem war der Sultan letztendlich sehr ärgerlich, dass seine Moschee kleiner war als die Hagia Sophia. Nach der Säkularisierung der Hagia Sophia wurde sie aber dennoch zur Hauptmoschee Istanbuls.

Die Sultan-Ahmet-Moschee ist häufig – allerdings nicht in der Türkei – nur unter ihrem Spitznamen „Blaue Moschee" bekannt. Diesen Namen erhielt sie aufgrund des überwiegend in Blautönen gehaltenen Dekors in ihrem Inneren. Wände, Bögen und Gewölbe sind über und über mit bunten Ornamenten bemalt, bei denen die Farbe Blau weitgehend dominiert. Der untere Teil der Mauern, die Tribünen und vor allem die Sultansloge sind dagegen mit über 20.0000 echten Iznik-Kacheln bedeckt und zeigen traditionelle Pflanzenmotive, vor allem Lilien, Tulpen, Rosen, Weinreben und Zypressen in Grün und Blau. Der Innenraum der Moschee wird von 260 Fenstern erhellt. Diese waren früher mit Buntglasscheiben versehen, die jedoch leider nicht mehr erhalten sind. An der Kibla-Wand befinden sich noch einige Buntglasfenster, bei denen es sich aber nur um Nachbildungen aus den 1930er-Jahren handelt.

Bild auf Seite 34: Die Sultan-Ahmet-Moschee strahlt im Sonnenlicht.
Bild oben: Der prächtige Minbar der Sultan-Ahmet-Moschee

Der Gebetsraum ist mit seinen Maßen von 53 m Länge und 51 m Breite nahezu quadratisch. Die Hauptkuppel, die einen Durchmesser von 23,5 m hat und an ihrem Scheitelpunkt 43 m hoch ist, wird von vier Spitzbögen getragen, die ihrerseits auf vier gewaltigen Pfeilern mit einem Durchmesser von je 5 m ruhen. Diese Pfeiler tragen auch das Gewicht der Bögen der Seitenräume, die sich auf verschiedenen Höhen abstützen. An jeder Seite der Hauptkuppel befindet sich eine Halbkuppel. Kleine Kuppeln in den Ecken runden den Gesamteindruck ab.

Einst waren die gesamte Moschee und ihr Innenhof von einer schweren Mauer umgeben, von der heute nur noch der nördliche Abschnitt existiert. Die Mauer trennt die Moschee von den restlichen Gebäude, die zu einer Moschee gehören: Schule (Medrese), Armenküche (Imaret), Hospital (Darüssifa), Bad (Hamam) und oft auch

eine Karawanserei für Reisende. Diesen Gesamtkomplex nennt man auch Külliye. Angrenzend an den Komplex befindet sich die Türbe, ein turmartiger Grabbau mit Krypta, in dem Sultan Ahmet I., seine Lieblingsfrau Kösem und drei seiner Söhne, Osman II., Murat IV. und Prinz Beyazit, beerdigt sind.

Bild oben: Die Sultan-Ahmet-Moschee mit ihren einzigartigen sechs Minaretten im letzten Abendlicht. Bild auf den nächsten beiden Seiten: Die Blaue Moschee mit dem Meer im Hintergrund.

Die Moschee selbst ist auf drei Seiten von einem Hof umgeben und hat insgesamt acht Eingänge. Den Innenhof, der komplett mit Marmor gepflastert ist, erreicht man durch drei schwere Tore. An der Westseite hängt im oberen Teil des Hofeingangs eine schwere Eisenkette. Da der Sultan den Hof immer zu Pferde betrat, sollte diese – quasi als symbolischer Akt – dazu dienen, Demut zu beweisen, da er den Kopf neigen musste, um nicht an die Kette zu stoßen. So konnte er nicht hocherhobenen Hauptes in den Hof reiten. Der Innenhof ist von Säulengängen mit 26 Säulen aus rosafarbenem Granit und Marmor sowie von 30 kleinen Kuppeln umgeben. In der Mitte des Hofes befindet sich ein kleiner Reinigungsbrunnen, der von sechs Marmorsäulen umgeben ist.

Vier der sechs Minarette haben je drei Balkone, die anderen beiden je zwei. Bis vor kurzem musste der Muezzin noch fünfmal täglich die enge Wendeltreppe eines Minaretts erklimmen, um die Gläubigen zum Gebet zu rufen. Inzwischen wurde jedoch ein Lautsprechersystem installiert, das den Ruf in der gesamten Altstadt erklingen lässt. Die Moschee steht in einem der ältesten Teile Istanbuls, im Zentrum des früheren Konstantinopels, der Hauptstadt des Byzantinischen Reiches.

ECKDATEN

Bauzeit: 1609–1616
Stil: klassischer osmanischer Stil
Architekt: Sedefkar Mehmet Aga
Interessant: Eine der wenigen Moschee mit sechs Minaretten.

HAGIA SOPHIA
Istanbul

Die Hagia Sophia – oder Sophienkirche – ist eine ehemalige Kirche in Istanbul, die zuerst in eine Moschee und später in ein Museum umgewandelt wurde. Um das Jahr 325 wurde unter Kaiser Konstantin I. mit dem Bau einer Kirche begonnen. Unter der Herrschaft seines Sohnes Konstantin II. wurde der Bau vollendet. Im Jahr 404 wurde die Kirche bei einem Aufstand vollständig niedergebrannt. Theodosius II. (410–450) baute sie an Ort und Stelle wieder auf, aber 532 wurde sie während des sogenannten Nika-Aufstandes erneut bis auf die Grundmauern niedergebrannt. Kaiser Justinian I. gab den Befehl zum erneuten Wiederaufbau und scheute dabei keine Kosten. Der Bau kostete 145 Tonnen Gold, was nach heutigen Maßstäben etwa 2,4 Milliarden Euro entspricht!

Justinian hatte den Ehrgeiz, die größte und prächtigste aller Kirchen zu bauen. Er strebte nach einer engen Zusammenarbeit von Staat und Kirche und soll deshalb die Baustelle sogar täglich selbst besucht haben. Geplant und ausgeführt wurde der Bau von dem Architekten Anthemios von Tralleis und dem Mathematiker Isidor von Milet, denen 10.000 Arbeiter zur Verfügung standen. So gelang ihnen das Kunststück, die Kirche, die zu den bedeutendsten Bauwerken der Menschheitsgeschichte gehört, in nur fünf Jahren Bauzeit fertig zu stellen. Am 27. Dezember 537 wurde der Rohbau feierlich eingeweiht. Die Hagia Sophia wurde fortan als Staatskirche genutzt, in der alle wichtigen religiösen Zeremonien unter Anwesenheit des Kaisers durchgeführt wurden. Mit Ausnahme der Jahre, in denen Konstantinopel von den Kreuzfahrern besetzt war, war die Kirche stets dem orthodoxen Ritus geweiht. Über ein Jahrtausend lang, bis zur Vollendung der Kathedrale in Sevilla, war sie die mit Abstand größte Kirche der Christenheit.

Ein byzantinisches Meisterwerk

ECKDATEN

Bauzeit: 533–537
Stil: byzantinischer Stil
Architekten: Anthemios von Tralleis und Isidor von Millet
Interessant: Die Hagia Sophia wurde von einer orthodoxen Kirche in eine Moschee und später in ein Museum umgewandelt.

Bild auf Seite 40: Die Hagia Sophia in ihrer ganzen Pracht.
Bild unten: Das Innere der Hagia Sophia mit Blick auf die Holztafeln, auf denen die Namen Mohammeds und der ersten vier Kalifen verewigt wurden.

Im Mai 558 brachte ein Erdbeben die äußerst flach gehaltene Kuppel der Hagia Sophia zum Einsturz. In den folgenden fünf Jahren wurde sie von Isidor von Milet dem Jüngeren wiederhergestellt. Dabei erhielt sie ihre heutige Form. In den Jahren 989 und 1346 gab stürzte die Kuppel, zumindest in Teilen, erneut ein. Heute befinden sich im unteren Teil der Kuppel 40 Fenster, zu denen Streben von der Mitte aus führen. Ursprünglich ging man davon aus, dass die nachträglich eingebauten Fenster dekorativen Zwecken dienen sollten. Vermutlich sollte durch die Fenster aber eine Rissbildung in der Kuppel verhindert werden, um einem weiteren Einsturz vorzubeugen.

Am 29. Mai 1453 nahmen die Osmanen unter Führung Mehmets I. – der auch als Sultan Mehmet der Eroberer bekannt ist – Konstantinopel ein. Das heutige Istanbul war in der Spätantike und im Mittelalter die Hauptstadt des Oströmischen und nach der Eroberung durch die Osmanen auch des Osmanischen Reiches. Durch seinen Sitz an der Schnittstelle zweier Kontinente und als Hauptstadt zweier Weltreiche hat Konstantinopel eine überragende künstlerische und historische Bedeutung. Die Stadt wurde am 11. Mai 330 feierlich als Byzantion eingeweiht und zu Ehren ihres Gründers Konstantin kurz nach seinem Tod im Jahr 337 in Konstantinopel umbenannt. Wie ihr großes Vorbild Rom wurde die Stadt auf sieben Hügeln erbaut. In den folgenden Jahren wurde Byzantion/Konstantinopel immer mehr zum Mittelpunkt des Oströmischen Reiches. Verwaltung, Wirtschaft, Kultur – alles spielte sich hier

ab. Konstantins Nachfolger bauten die Stadt konsequent weiter aus. So wurde z. B. unter Theodosius II. die Stadtfläche im Jahr 412 von 6 auf 12 km^2 verdoppelt. Zeitweise lebten bis zu 700.000 Menschen in Konstantinopel. 1202 wurde die Stadt von den Kreuzfahrern erobert. Sie begannen, das Byzantinische Herrschaftsgebiet zu zerstückeln, und gründeten das Lateinische Kaiserreich. Dieses währte jedoch nicht lang, denn bereits 1261 wurde Konstantinopel von den verbliebenen Byzantinern zurückerobert. Nach der Eroberung durch die Osmanen, die der Stadt auch ihren heutigen Namen Istanbul gaben – obwohl auch „Konstantinopel" bis in die 1920er-Jahre hinein durchaus gebräuchlich blieb –, erfolgten viele große Veränderungen, so auch die Umwandlung der Hagia Sophia zur Moschee.

Im Abendlicht scheint die Hagia Sophia rosa zu leuchten.

Die eindrucksvollste Veränderung war dabei der Bau der Minarette. Im Inneren wurden alle christlichen Symbole gegen muslimische ausgetauscht. Alle Ikonen wurden entfernt, und die Mosaiken, die Bilder von Heiligen zeigten, wurden zugehängt oder verputzt, da im Islam ein Bilderverbot herrscht. Kreuze wurden durch Halbmonde ersetzt, und das große Kuppelkreuz wurde zum Bau der Treppe, die in die Moschee führt, verwendet. Bis ins Jahr 1932 fungierte die Hagia Sophia als Moschee. Dann wurde sie, auf Bestreben des damaligen ersten Präsidenten der Republik Türkei, Gazi Mustafa Kemal Atatürk, in das Museum umgewandelt, das sie heute noch ist. Atatürk sorgte auch dafür, dass die alten byzantinischen Mosaiken wieder freigelegt wurden. Der darauf folgende Protest der Muslime wurde gemildert, indem Atatürk große Holztafeln in arabischer Schrift mit dem Namen Mohammeds und der ersten vier Kalifen im Bauwerk anbringen ließ.

Der frei schwebende Dom der Hagia Sophia, der von nur vier Pfeilern gestützt wird, galt mit einem Durchmesser von 31 m und einer Höhe von 56 m in der Spätantike als Achtes Weltwunder. Bis heute versuchen Fachleute zu ergründen, wie es den Architekten und Baumeistern im 6. Jahrhundert gelungen ist, mit den damaligen Mitteln einer derart gewaltige Kuppel zu bauen. Da sämtliche Baupläne der Hagia Sophia leider verschollen sind, wird dies aber wohl weiterhin rätselhaft bleiben. Aber nicht zuletzt deshalb gilt die Hagia Sophia, die seit 1985 zum UNESCO-Weltkulturerbe gehört, nach wie vor als einer der sagenhaftesten, von Menschenhand geschaffenen Konstruktionen.

Das gesamte Bauwerk bedeckt eine Fläche von 70 x 75 m. Der Hauptraum, der 7.570 m^2 groß ist (etwa so groß wie ein Fußballplatz), wird von der gewaltigen Kuppel beherrscht. Im Westen und Osten gibt es einige kleine Halbkuppeln. Im Westen hatte die Kirche ursprünglich zwei Vorhallen: den Narthex innerhalb des Kirchengebäudes und den davor gelegenen Exonarthex. Fünf große, im Lauf der Zeit zugemauerte Tore führen in die äußere Vorhalle, fünf weitere von dort aus in die innere. Im Exonarthex sind bis heute einige Mosaiken aus Justinians Zeit zu sehen. Auch im Narthex sind einige bedeutende Mosaiken erhalten geblieben. Aus dem Narthex gibt es neun Eingänge ins Hauptschiff. Das Kaisertor, der mittlere der neun Eingänge, war allein dem Herrscher vorbehalten. Sein Türrahmen wurde ganz aus Bronze gefertigt. Reste der Mosaiken sind auch noch auf den Emporen erkennbar, die bei den Byzantinern und den Türken den Frauen vorbehalten waren. Der Mihrab steht im Süden des Gebäudes. Der Minbar befindet sich im Hauptschiff, rechts der Apsis. Auf der linken Seite steht die Sultansloge aus dem 18. Jahrhundert. Die Hagia Sophia (türkisch: Ayasofya) hat vier Minarette. Das Älteste ließ Beyazid II., ein Sohn Mehmets II., errichten. Die anderen drei entstanden unter der Herrschaft Selims II. im 16. Jahrhundert. Im Hof der ehemaligen Moschee steht ein Brunnen. Weiterhin befinden sich dort auch vier Türben, in denen die Sultane Selim II., Murat III., Mehmet III., Mustafa I. und Ibrahim samt ihren Familien beigesetzt wurden.

Das Bauschema der Hagia Sophia wurde zur Grundlage vieler religiöser Bauten, sowohl christlicher als auch muslimischer. Dazu gehören z. B. die Sophienkathedrale in Kiew und die Sultan-Ahmet-Moschee in Istanbul. Im Jahr 1932, nach der Umwandlung zum Museum, begannen ausführliche Restaurierungsmaßnahmen unter der Leitung von Thomas Whitternore vom American Byzantine Institute. In dieser Zeit wurden auch viele der uralten Mosaiken restauriert. Allerdings stellte die Restauration der Kirche bzw. der Moschee die Künstler auch vor einmalige Probleme: Da das Gebäude eine ebenso lange christliche wie muslimische Tradition hatte, musste man versuchen, ein Gleichgewicht zwischen beiden Religionen zu schaffen. Die ursprünglichen Mosaiken wiederherzustellen hieße aber, die darüber liegende muslimische Kunst zu zerstören. Bis heute konnte das Problem nicht zur endgültigen Zufriedenheit aller gelöst werden.

Bild gegenüber: Ausschnitt aus einem berühmten Mosaik der Hagia Sophia, das Christus zusammen mit Maria und Johannes dem Täufer zeigt.

OMAIJADEN-MOSCHEE
Damaskus

Die Omaijaden waren eine Kalifendynastie, die in den Jahren 660–750 an der Spitze des sunnitischen Zweiges des Islams standen. Sie waren als erste Kalifendynastie nicht mehr eng mit dem Propheten Mohammed verwandt, stammten aber dennoch vom gleichen Stamm wie er ab. Die Dynastie wurde von Muawija ibn Abi Sufyan, dem Statthalter der Provinz Syrien, gegründet, der sich 660 zum Kalifen von Damaskus ausrufen ließ. Muawija I., der im Jahr 603 in Mekka geboren wurde, gilt als einer der bedeutendsten Herrscher der arabischen Geschichte. Unter seiner Herrschaft kam es u. a. zum Schisma. Dieser Begriff bezeichnet die Spaltung zwischen Sunniten und Schiiten, den Anhängern Ali ibn Abi Talibs, die Muawiyas Herrschaft bis zum Schluss nicht anerkennen wollten. Eine der ersten Amtshandlungen des Omaijaden war es, die Hauptstadt von Medina nach Damaskus zu verlegen, wodurch Arabien stark an politischer Bedeutung verlor. Muawija führte außerdem in seiner Amtszeit die Erbfolge ein – Kalifen waren bis dahin gewählt worden –, um die Nachfolge durch seinen Sohn Yazid I. zu sichern.

In der historischen Altstadt von Damaskus

Das Ende der Omaijaden-Dynastie kam im Jahr 750 unter der Herrschaft von Marwan II., als dieser im Nordirak von den Abbasiden vernichtend geschlagen wurde. In der darauf folgenden Zeit wurde die gesamte Sippe der Omaijaden von den Abbasiden vollständig ausgerottet.

Damaskus, die heutige Hauptstadt Syriens, ist die älteste dauerhaft bewohnte Stadt der Welt. Man fand Überreste einer Besiedelung aus dem 5. Jahrtausend v. Chr., also aus der Kupferzeit! Seitdem war Damaskus nie wieder unbewohnt. In den folgenden Jahrtausenden geriet die Stadt u. a. unter ägyptische, aramäische, babylonische, persische, mazedonische, römische, byzantinische und schließlich unter arabische Herrschaft. Die historische Altstadt wurde im Jahr 1979 zum UNESCO-Weltkulturerbe erklärt. Eine alte römische Straße, die Via Recta, verläuft mitten hindurch und teilt sie in zwei Teile. Die lebhafte Altstadt ist geprägt von den bekannten Souks (arabische Geschäftsviertel) und unzähligen Hamams. Das alte Christenviertel Bab Touma liegt ebenfalls in der Altstadt, hinter dem Thomastor, und weist unzählige alte Kirchen auf, darunter die Ananiaskirche, eines der ältesten christlichen Bauwerke der Welt. Heute ist Damaskus eine überaus quirlige Millionenstadt und ein wichtiges Handelszentrum, insbesondere für Feigen, Mandeln und Früchte aller Art.

Die Omaijaden-Moschee, die in der Altstadt von Damaskus steht, ist eine der größten und ältesten Moscheen der Welt. Sie wurde 706–715 vom sechsten Omaijaden-Kalifen al-Walid I. mithilfe Tausender koptischer, persischer, indischer und griechischer Bauarbeiter an einem Ort errichtet, an dem in den Zeiten der Aramäer ein Tempel zu Ehren Hadads gestanden hatte. In der römischen Ära befand sich an der gleichen Stelle ein Jupitertempel und später, im byzantinischen Zeitalter, eine Kirche zu Ehren Johannes des Täufers. Anfangs beeinträchtigte die muslimische Eroberung von Damaskus im Jahr 635 das Gotteshaus zunächst nicht weiter, da es von Muslimen und Christen gleichermaßen genutzt wurde. Die Kirche blieb weiterhin bestehen, aber die Muslime bauten an der Südfassade ein Gebäude aus Lehmziegeln an, in dem sie beten konnten. Kalif al-Walid ließ die Kirche aber schließlich doch abreißen und an ihrer Stelle die heute bekannte Moschee errichten. Damaskus war zu diesem Zeitpunkt

Bild auf Seite 46: Ansicht der Omaijaden-Moschee mit Minarett und Kuppel.
Bild oben: Schrein in der Omaijaden-Moschee, der den Kopf von Johannes dem Täufer enthalten soll.

Blick auf die Nordfassade des Gebetssaals.

auch eine der politisch bedeutsamsten Städte im Nahen Osten und die Hauptstadt des omaijadischen Kalifats, die einer repräsentativen Moschee bedurfte.

Die größte Attraktion der Omaijaden-Moschee ist ein wundervoller Schrein in der Gebetshalle, welcher den Kopf von Johannes dem Täufer, der sowohl von Muslimen (als Prophet Yahia) als auch von Christen verehrt wird, enthalten soll. Der Legende zufolge soll der Kopf bei den Bauarbeiten zur Errichtung der Moschee gefunden worden sein.

Die Moschee ist 157 x 97 m groß und hat vier Tore sowie drei Minarette, die alle unterschiedliche Baustile aufweisen. Sie stammen aus der Zeit al-Walids und basieren auf den Ecktürmen des alten römischen Tempels. In den Jahren 1340 und 1488 wurden sie aufwendig umgebaut und vergrößert. Das Minarett an der südwestlichen Ecke heißt Jesus-Minarett, da einer örtlichen Überlieferung nach Jesus am Tag des jüngsten Gerichts an dieser Stelle erscheinen wird.

Die Außenmauern der Moschee stehen auf den Überresten der Mauern des ehemaligen Jupitertempels. Zur Moschee gehört auch noch ein großer Innenhof, in dem sich drei kleinere Nebengebäude befinden: das Schatzhaus, das Uhrenhaus und das Brunnenhaus. Die Gebetshalle besteht aus drei von Säulen abgeteilten Gängen und ist mit einer Länge von 140 m äußerst weitläufig. Die Hauptkuppel ist 45 m hoch. Die Säulen der Gebetshalle wurden quasi wiederverwertet – man bediente sich beim Bau kurzerhand in den römischen Tempeln der ganzen Region sowie in der Kirche der Maria von Antiochia.

ECKDATEN

Bauzeit: 706–715
Stil: Pfeilerhallenmoschee im Basilikastil
Architekt: Kalif al-Walid
Interessant: Beherbergt einen Schrein, in dem der Kopf von Johannes dem Täufer liegen soll.

Bild unten links: Der Boden des großen Gebetssaals ist mit herrlichen Teppichen bedeckt.
Bild unten rechts: Detailansicht der Decke des Arkadenhofs.
Bild auf der nächsten Seite: Innenhof der Omaijaden-Moschee mit Pavillon.

Im Inneren der Moschee findet man unzählige byzantinische Mosaiken. Diese wurden von 200 byzantinischen Handwerkern gefertigt, die sich Kalif al-Walid vermutlich beim byzantinischen Herrscher Justinian II. „auslieh". Die gesamte Fassade zum Innenhof sowie die Arkadengänge wurden durchgängig mit Mosaiken bedeckt, sodass das zu der damaligen Zeit mit Abstand großflächigste Mosaik der Welt entstand. Den schönsten Teil des Mosaiks findet man in den Arkadengängen der Moschee. Er zeigt das Paradies in unglaublichen Farben – es hat einen goldenen Himmel, und allein 22 verschiedene Grüntöne wurden verwendet, um das Laub der Bäume darzustellen!

Im Lauf ihrer Geschichte wurde die Omaijaden-Moschee mehrfach nahezu vollständig zerstört, z. B. durch katastrophale Feuersbrünste in den Jahren 1069, 1401 und 1893. Alle Marmorpaneele, die man heute in der Moschee sieht, stammen aus der Zeit nach dem großen Feuer von 1893, bei dem auch viele Mosaiken den Flammen zum Opfer fielen und nicht mehr restauriert werden konnten.

Vor der Moschee befindet sich das Mausoleum des kurdischstämmigen Sultans Saladdin. Neben der Gebetshalle, an der Ostseite des Innenhofs, steht ein weiterer Schrein, der – je nachdem, wen man fragt – entweder den Kopf von Zacharias, dem Vater Johannes des Täufers, oder den Kopf Husseins, des Enkels Mohammeds, enthalten soll.

FELSENDOM
Jerusalem

Der Tempelberg ist ein Hügel im Südosten der Altstadt von Jerusalem, auf dessen „Gipfel" ein künstliches Plateau angelegt wurde. Vor über 3.000 Jahren errichteten die Israeliten unter König Salomon an diesem Ort den ersten Tempel – und machten den Tempelberg damit zum heiligsten Ort des Judentums. Nach der Eroberung Jerusalems durch Nebukadnezar II. wurde der Tempel 586 v. Chr. zerstört. Nachdem sie aus der babylonischen Gefangenschaft zurückgekehrt waren, bauten die Israeliten an der gleichen Stelle einen zweiten Tempel, der wiederum im Jüdisch-Römischen Krieg 70 n. Chr. zerstört wurde. Die Zerstörung beider Tempel zählt zu den Kernpunkten der jüdischen Geschichte. Nach der Zerstörung des zweiten Tempels entstanden auf dem Tempelberg zuerst ein römischer Tempel zu Ehren Jupiters und später eine christliche Kirche. Außerdem soll der Erzvater Abraham der jüdischen Überlieferung nach auf dem Tempelberg die Prüfung Gottes bestanden haben, indem er bereit war, seinen Sohn Isaak zu opfern.

Auf dem Tempelberg

Der Felsendom (arabisch: Masjid Qubbat as-Sachra, hebräisch: Kipat Hasela) auf dem Tempelberg, der nach der Eroberung Jerusalems durch die Araber im Jahr 638 entstand, ist das bekannteste Wahrzeichen Jerusalems und gleichzeitig der älteste islamische Sakralbau. Gemäß des muslimischen Glaubens soll Mohammeds legendäre Nachtreise ins Paradies von dem Heiligen Felsen in der Mitte der Kuppel aus stattgefunden haben. Der Legende nach ritt er auf seinem treuen Pferd Burak, das einen Frauenkopf hatte, durch die Lüfte nach Jerusalem. Auf einer goldenen Leiter stieg er dann ins Paradies hinauf. Nach seiner Rückkehr bestieg er Burak erneut und ritt noch in der gleichen Nacht zurück nach Mekka.

Bild auf Seite 52: Der Felsendom auf dem Tempelberg in seiner ganzen Pracht.
Bild oben: Farbige Kacheln an der Außenfassade des Felsendoms.
Bild unten: Arabische Kalligraphie am Felsendom.
Bild auf der nächsten Seite: Die vergoldete Kuppel des Felsendoms strahlt im Sonnenlicht.

Für die Juden ist der Tempelberg der heiligste Ort, für die Muslime der drittheiligste, und auch im Christentum hat der Tempelberg eine nicht unwesentliche Bedeutung. Es ist daher nicht weiter verwunderlich, dass er bis heute einer der am meisten umkämpften heiligen Stätten der Welt ist.

Mit der Eroberung Jerusalems durch die Araber im Jahr 638 begann die muslimische Herrschaft über den Tempelberg die – mit wenigen Unterbrechungen – bis heute anhält. Im Sechs-Tage-Krieg (5.–10. Juni 1967), dem Krieg einer arabischen Kriegsallianz aus den Staaten Ägypten, Syrien und Jordanien gegen Israel, wurden Ostjerusalem und damit der Tempelberg und auch die Klagemauer am 7. Juni 1967 von den israelischen Streitkräften erobert. Dieser Tag stellte einen wichtigen Einschnitt in der Geschichte des jüdischen Volkes dar, denn seit der Annektierung des Stadtteils durch die Jordanier im Jahr 1948 war den jüdischen Bürgern der Zugang zur Klagemauer versperrt gewesen. Die 48 m lange und 18 m hohe Klagemauer ist Teil der Begrenzungsmauer des antiken herodianischen Tempels, von dem nach der Zerstörung durch die Römer im Jahr 70 n. Chr. nichts weiter übrig geblieben ist. Gleichzeitig ist die Klagemauer das bedeutendste Heiligtum des Judentums, zu dem tägliche viele Menschen pilgern, um zu beten. Häufig stecken sie dabei aufgeschriebene Gebete in die Ritzen der Mauer. Der Zugang zur Klagemauer wird streng überwacht, und man muss sich einer genauen Kontrolle und u. a. der Untersuchung mittels eines Metalldetektors unterziehen. Für Männer und Frauen gibt es getrennte Eingänge, auch Nicht-Juden haben problemlos Zutritt.

Der Heilige Felsen im Innenraum des Felsendoms.

Nach der Eroberung durch die israelische Armee wurde auf dem Tempelberg kurzfristig die israelische Flagge gehisst. Kurz nach der Beendigung des Krieges besuchte jedoch der damalige Verteidigungsminister Mosche Dajan die heiligen Stätten. Er befahl, die Flagge wieder einzuholen, und gab dem Hohen Islamischen Rat von Jerusalem die Hoheit über den Tempelberg zurück.

Heute ist es die Hoffnung vieler Juden, dass der Tempel Gottes eines Tages an seinem alten Platz – also anstelle der Al-Aksa-Moschee – wieder aufgebaut wird. Dies stößt natürlich auf den vehementen Widerstand der Muslime, die ihren Anspruch auf den Ort ebenso wenig abgeben wollen und können. Da der Tempelberg für beide Religionsgruppen eine so fundamentale Bedeutung hat, ist eine realistische Lösung des Problems kaum vorstellbar.

Die Bedeutung des Ortes für die Muslime hat eine ebenso umfangreiche Geschichte: Lange bevor der Felsendom errichtet wurde, entdeckten einige Muslime, darunter Kalif Omar ibn al-Chattab, ein Gefährte Mohammeds, den von den Christen vernachlässigten Tempelplatz mit dem Heiligen Felsen wieder und säuberten ihn. Der Ort war seit Jahrhunderten – genau genommen seit der Zeit der Römer – verwaist gewesen. Am Felsen wurden Spuren von Mohammeds Nachtreise lokalisiert, z. B. ein Fußabdruck an der Südwestecke sowie weitere Fußspuren an der Südostecke. Den Aufzeichnungen zufolge errichtete Omar eine Moschee südlich des Tempelbergs, sodass der Felsen dahinter im Norden lag. Damit wollte er deutlich machen, dass die korrekte Gebetsrichtung gen Süden lag – also in Richtung Mekka –, sodass kein Muslim auf die Idee käme, in Richtung des Felsens zu beten, wie es die Juden taten. Der Felsen lag unter freiem Himmel, bis Abd al-Malik ibn Marwan im Jahr 685 den Bau des Felsendoms in Angriff nahm.

Nach der Eroberung Jerusalems durch die Kreuzritter unter der Führung von Gottfried von Bouillon am 15. Juli 1099 war der Tempelplatz eines ihrer ersten Ziele. Sie gaben dem Felsendom kurzerhand der Namen „Templum Domini“ und lokalisierten nun ihrerseits am Heiligen Felsen Spuren des Wirkens Jesu.

Der Felsendom ist eigentlich keine Moschee, sondern ein Schrein. Die Kuppel hatte ihre beeindruckende goldene Farbe nicht von Anfang an. Das ursprüngliche Kuppeldach bestand nur aus Blei und war schwarz. Erst 1963 wurde es mit

ECKDATEN

Bauzeit: 685–691
Stil: früh-omaijadischer Stil
Bauherr: Kalif Abd al-Malik ibn Marwan
Interessant: Der Tempelberg, auf dem der Felsendom steht, ist einer der am meisten umkämpften heiligen Orte der Welt.

vergoldeten Aluminiumplatten versehen. Die Kuppel selbst ist 54 m hoch und hat einen Innendurchmesser von 20,30 m. Im Inneren ist sie rot und wird von goldenen Stuckelementen verziert. Das Achteck, auf dem sie ruht, ist mit farbigem Marmor sowie mit grünen, blauen und weißen Fliesen verkleidet.

Der Felsendom von der Luft aus gesehen.

Im Inneren des Felsendoms herrscht ein sehr gedämpftes Licht, da die 16 Buntglasfenster, die von Sultan Saladdin gestiftet wurden, nur wenig Licht hindurchlassen. Der Felsendom hat vier Tore, die exakt auf die vier Himmelsrichtungen ausgerichtet sind. Genau in der Mitte des Doms befindet sich der 13 x 18 m große Heilige Felsen. Unter dem südlichen Teil des Felsens gibt es eine Höhle, in die man über eine etwa 1,50 m breite Treppe mit 14 Stufen gelangt. Die fast viereckige Höhle ist 7,40 m lang, 6,90 m breit und zwischen 1,42 m und 2,62 m hoch. Ihr Boden wurde geebnet und mit Teppichen ausgelegt.

Ungefähr in der Mitte der Höhle befindet sich eine Öffnung mit dem „Brunnen der Seelen“ (arabisch: Bir el-Arweh), in dem sich der Legende nach die Seelen der Toten regelmäßig versammeln. Die Öffnung führt zu einem wasserführenden Kanal unter dem Heiligen Felsen und ist mit einer runden Marmorplatte bedeckt. Der jüdischen Mythologie nach soll der Brunnen der Seelen zeitweise das Versteck der Bundeslade mit den Gebotetafeln gewesen sein, nachdem der erste Tempel zerstört worden war. Neben dem Eingang zu dieser Höhle steht ein kleiner Schrein, in dem man den Fußabdruck Mohammeds bewundern kann. Im Vorhof des Felsendoms gibt es mehrere arkadenförmige Durchgänge, die als Eingänge in den inneren Bereich dienen.

Heute ist der Zugang zum Tempelhof nur noch über das Dungtor – eines der acht Tore, die in die Jerusalemer Altstadt führen – möglich. Es befindet sich unmittelbar südwestlich des Tempelbergs. Das Dungtor bietet auch direkten Zugang zur Klagemauer. Der gesamte Tempelberg wird von israelischen Sicherheitskräften streng bewacht, da es immer wieder zu Auseinandersetzungen unter den Anhängern der verschiedenen Religionen kommt. Für den Zugang zum Felsendom selbst braucht man eine schriftliche Genehmigung des Wakf, einer beinahe völlig autonomen islamischen Institution. Diese ist für nicht-muslimische Touristen allerdings kaum zu bekommen.

AL-AKSA-MOSCHEE
Jerusalem

Die Al-Aksa-Moschee, die auf dem Tempelberg ganz in der Nähe des Felsendoms steht, ist nach Mekka und Medina die drittwichtigste Moschee des Islams. In der ersten Strophe der 17. Sure des Korans heißt es, dass Mohammed von Gott zu einem weit von Mekka entfernten Ort gebracht wurde. Später wurde aus dieser Legende die berühmte „Nachtreise" Mohammeds, die ihn angeblich nach Jerusalem führte. Am „entferntesten Platz" betete er dann zusammen mit König Salomon, Abraham, Moses und auch mit Jesus, bevor er auf einer goldenen Leiter ins Paradies hinaufstieg. Der Ort, an dem dies alles geschehen sein soll, ist der Tempelplatz in Jerusalem, wo sie außer dem Felsendom auch die Al-Aksa-Moschee – die „Entfernteste Moschee" – errichteten. Aufgrund dieser Begebenheit ist der Tempelplatz ein überaus heiliger Ort für Muslime auf der ganzen Welt.

Die Entfernteste Moschee

Die ersten Beschreibungen der Al-Aksa-Moschee stammen von dem Pilger Arculf, der gegen 670 Jerusalem besuchte. Er erzählte von einem aus rohen Brettern und Balken gebauten „Bethaus" auf dem Tempelplatz, das 3.000 Menschen Platz bot. Der Bretterbau soll sich aus den Ruinen eines Vorgängerbaus erhoben haben und bildet wohl den Anfang der sehr abwechslungsreichen Baugeschichte der Al-Aksa-Moschee. Wann und von wem die Al-Aksa-Moschee tatsächlich erbaut wurde, ist bis zum heutigen Tag nicht mit Sicherheit geklärt. Laut einer Quelle baute Kalif Abd al-Malik die allererste Moschee, laut anderer Quellen war es sein Sohn al-Walid, der im Jahr 715 den Grundstein legte. Sicher ist, dass die Moschee wie eine Basilika gebaut war und vier Seitenschiffe hatte. Ihre Länge entsprach bereits damals der Länge der heutigen Moschee. In den folgenden Jahrhunderten wurde das Gebäude mehrfach durch Erdbeben nahezu vollständig zerstört. Einmal mussten sogar die Edelmetalle, mit denen die Türen der Moschee beschlagen waren, zu Geld gemacht werden, um den Wiederaufbau nach einem Erdbeben zu bezahlen. Ein anderes Mal, unter der Herrschaft des Abbasiden-Kalifen al-Mahdi, wurden die Provinzgouverneure gezwungen, jeweils einen Kollonadengang zu errichten, weil der Kalif selbst kein Geld für den Neubau hatte. Im Neubau blieben die Überreste der alten Moschee jedoch erhalten. Bei einem schweren Erdbeben wurde die Moschee 1033 wieder einmal fast zerstört. Dieses Mal war der Fatimiden-Kalif al-Zahir an der Reihe, sie neu aufzubauen. Er ließ eine fünfschiffige Basilika errichten und gab ihr eine silberne Kuppel.

Bild auf Seite 58: Seitenansicht der Al-Aksa-Moschee im Abendlicht. Bild oben: Die Kuppel der Moschee wirkt im Gegensatz zur goldenen Kuppel des Felsendoms farblos.

Am 15. Juli 1099 eroberten die Kreuzfahrer die Stadt Jerusalem. Der letzte verzweifelte Verteidungungsversuch der Einwohner erfolgte vom Dach der Al-Aksa-Moschee aus, blieb jedoch erfolglos. Am Morgen nach der Eroberung wurden die letzten Verteidiger in der Moschee niedergemetzelt, und die Herrschaft der Kreuzfahrer über den Tempelberg begann. König Balduin I., Herrscher über das Königreich Jerusalem, verlegte im Jahr 1104 seinen Sitz in den an die Moschee angebauten Palast. 1120 gründeten acht Ritter um Hugo de Payens den Templerorden und ließen sich mit Erlaubnis des Königs in einem Teil des Palastes nieder. Als später König Balduin II., der Vetter des kinderlosen Balduin I., in einen neuen Königspalast umzog, überließ er die Moschee samt altem Palast ganz dem Templerorden. In den folgenden Jahren nahmen die Templer viele Umbauten an der Moschee vor. So bauten sie z. B. vor den Eingang des Gebäudes eine Säulenvorhalle. Im Westen

ECKDATEN

Bauzeit: 715 Grundsteinlegung der eigentlichen Moschee
Stil: Mischform aus verschiedenen Baustilen
Bauherr: Kalif Abd al-Malik bzw. Kalif al-Walid I.
Interessant: In der Al-Aksa-Moschee wurde der Templerorden gegründet.

errichteten sie ein dreischiffiges Refektorium, von dem zwei Schiffe bis in die heutige Zeit erhalten geblieben sind. Auch im Osten der Moschee wurden einige Anbauten errichtet.

Als Sultan Saladdin Jerusalem im Jahr 1187 zurückeroberte, wurde auch die Al-Aksa-Moschee wieder ihrer eigentlichen und ursprünglichen Bestimmung zugeführt. Am ersten Freitag nach der Rückeroberung konnte zum ersten Mal seit fast 100 Jahren wieder in der Moschee gebetet werden – zuvor wurden sowohl die Moschee als auch der Felsendom dreimal mit Rosenwasser gereinigt und die Moschee zusätzlich neu geweiht. Im Lauf der Zeit wurden auch alle Einbauten der Templer wieder aus dem Gotteshaus entfernt, sodass heute nur noch wenige Spuren dieser Zeit zu sehen sind. Als Kaiser Friedrich II. Jerusalem 1229 durch einen Vertrag für die Christen zurückgewann, blieb der gesamte Tempelberg davon ausgenommen. Vom 13.–15. Jahrhundert erfolgten weitere An- und Umbauten. So bekam die Al-Aksa-Moschee zwei neue Seitenschiffe sowie Glasfenster, die von Sultan Suleiman I. – auch bekannt als „der Prächtige“ – gestiftet wurden.

Seitenansicht der Al-Aksa-Moschee.

Heute kann man die Al-Aksa-Moschee nur schwer einem bestimmten Baustil zuordnen. Die unzähligen Umbauten im Lauf der Jahrhunderte haben an der Moschee Spuren verschiedener Stile hinterlassen. So ist z. B. die von den Omaijaden errichtete Südmauer noch erhalten, während der Mittelteil der Hauptfassade aus der Abbasiden-Zeit stammt. Die Vorhalle wurde direkt im Stil der Kreuzfahrer gebaut.

Der Gesamteindruck, den die Moschee heute hinterlässt, ist jedoch eher mameluckisch geprägt. Das Gebäude ist 80 x 55 m groß, hat neben dem Mittelschiff auf jeder Seite drei Seitenschiffe und bietet Platz für 5.000 Gläubige. 1938–1943 wurde der Ostteil der Moschee komplett abgerissen und wieder neu aufgebaut. Das Querschiff und der Westteil wurden restauriert. Das Mittelschiff erhielt neue Säulen aus echtem Carrara-Marmor, die vom italienischen Diktator Benito Mussolini gestiftet wurden. Die Reste des einstmaligen Templerrefektoriums wurden in eine Moschee für Frauen umgewandelt.

Nicht-Muslime sind in der Al-Aksa-Moschee nicht allzu gern gesehen, dürfen sich aber mit einer Sondergenehmigung der Wakf trotzdem dort aufhalten.

Bild oben: Die farbenprächtige Fassade der Imam-Ali-Moschee leuchtet im Sonnenlicht.
Bild links: Die Imam-Ali-Moschee in Nadschaf bei Nacht.

ECKDATEN

Bauzeit: Erster Bau vermutlich gegen 977
Stil: gemischter Baustil mit zentralasiatischen Elementen
Bauherr: Azud ad-Daula
Interessant: Die Imam-Ali-Moschee ist die bedeutendste Pilgerstätte für 120 Millionen Schiiten weltweit.

IMAM-ALI-MOSCHEE
Nadschaf

Nadschaf ist eine irakische Wüstenstadt, die südlich von Bagdad am Rande der Syrischen Wüste liegt. Die Imam-Ali-Moschee in Nadschaf stellt das wichtigste Heiligtum des schiitischen Zweigs des Islams (das zweitwichtigste Heiligtum der Schiiten ist der Schrein des Imam al-Husain in Kerbela) dar und ist die bedeutendste Pilgerstätte für 120 Millionen Schiiten auf der ganzen Welt. Ali ibn Abi Talib, vierter Kalif sowie Schwiegersohn und Cousin des Propheten Mohammed, soll dort beerdigt sein. Für die Schiiten, deren Name sich von Schiat Ali (die Partei Alis) ableitet, ist jener Ali der einzig legitime Nachfolger des Propheten – der oberste religiöse und weltliche Führer und somit der erste „echte" Imam. Der Titel „Imam" bezeichnet nach der Auffassung der Schiiten den wahren Nachfolger des Propheten. Die überwiegende Mehrheit der Schiiten verehrt zwölf Imame aus der Familie des Ali ibn Abi Talib als rechtmäßige Nachfolger Mohammeds. Zusammen mit Mohammed selbst sowie seiner Tochter Fatima gelten sie als die „14 Unfehlbaren". Ali wurde im Jahr 631 von seinem Widersacher Muawija I. im Eingang zu seiner gerade vollendeten Moschee in Kufa ermordet.

Vermutlich wurde die Moschee 977 das erste Mal erbaut, und zwar von Azud ad-Daula. Nach ihrer völligen Zerstörung durch ein Feuer wurde sie 1086 vom Seldschukenherrscher Malik Shah erneut aufgebaut. Im Jahr 1500 wurde sie ein weiteres Mal aufgebaut, dieses Mal vom Safawiden-Schah Ismail I. In den folgenden Jahrhunderten wurde die Moschee noch mehrfach umgebaut und erweitert.

Alle Hauptstraßen Nadschafs laufen sternförmig auf die Moschee zu, die das wichtigste islamische Heiligtum im gesamten Irak ist. Tag und Nacht lockt die Moschee Scharen von Pilgern an.

Die Kuppel der Imam-Ali-Moschee ist mit genau 777 goldenen Ziegeln bedeckt. Im Gebäude befindet sich der gewaltige goldene Schrein des Imam Ali. Außerdem werden im Inneren unschätzbar wertvolle und uralte Dokumente sowie ein Schatz aus Gold und Juwelen aufbewahrt. Neben der Moschee liegt der 10 km2 große Pilgerfriedhof, auf dem im Lauf der Jahrhunderte angeblich annähernd 2 Millionen Schiiten bestattet wurden.

Im März 1991 wurde die Moschee von den Truppen Saddam Husseins schwer beschädigt, da sich Anhänger der schiitischen Opposition in ihr verschanzt hatten. Die Truppen stürmten die Moschee und ermordeten alle „Besetzer". Anschließend blieb die Moschee zwei Jahre lang geschlossen – angeblich, um Reparaturarbeiten durchzuführen.

MOSCHEE DES PROPHETEN
Medina

Medina ist eine Stadt im Westen Saudi-Arabiens. Ganz am Anfang hieß die Stadt Yathrib, wurde dann aber in Madinat an-Nabi („Stadt des Propheten“) umbenannt, und aus diesem Namen wurde schließlich Medina. Medina ist nach Mekka die zweitheiligste Stadt im Islam. Lange vor der Zeit Mohammeds lebten in der Oase von Yathrib drei jüdische Stämme: die Banu Kainuka, die Banu Kuraiza und die Banu Nadir. Später kamen zwei arabische Stämme, die Banu Aus und die Banu Chazradsch aus dem Jemen hinzu. Zuerst lebten sie friedlich unter der Herrschaft der jüdischen Stämme. Nach einer Revolte gelang es ihnen jedoch, die Herrschaft an sich zu reißen und die Juden zu unterwerfen. Im Lauf der Zeit gerieten die beiden arabischen Stämme jedoch miteinander in Streit, und zu dem Zeitpunkt, als Mohammed nach der Hidschra, seinem Auszug aus Mekka, in Medina ankam, waren sie bereits seit 120 Jahren bis aufs Blut verfeindet. Die jüdischen Banu Kuraiza und Banu Nadir waren dabei mit den Banu Aus verbündet, die Banu Kainuka mit den mächtigen Banu Chazradsch.

Im Jahr 622 wurde Mohammed von Gesandten der Banu Aus und Chazradsch als Mittelsmann eingeladen, und tatsächlich gelang es ihm, die verfeindeten Stämme miteinander zu versöhnen und die geteilte Stadt Medina zu vereinen, indem er die gesamte Stadt einlud, sich seiner neuen Religion, dem Islam, anzuschließen. In der darauf folgenden Zeit wurde aus Yathrib immer häufiger Medina, bis dieser Name als neuer Name der Stadt haften blieb. Die meisten Juden Medinas weigerten sich jedoch, zum Islam zu konvertieren. Immer wieder kam es zu Konflikten zwischen den jüdischen und arabischen Stämmen. Schließlich verbündeten sich die jüdischen Stämme mit Mohammeds Feinden in Mekka, die Medina daraufhin mehrere Male angriffen. Nachdem die ganzen Kämpfe ausgestanden waren, wurden die Banu Kainuka und Banu Nadir aus Medina vertrieben. Die Banu Kuraiza, die während einer Belagerung Medinas die Verteidiger von innen heraus angegriffen hatten, traf es noch härter: Alle Männer des Stammes wurden getötet, alle Frauen und Kinder wurden in die Sklaverei geschickt.

Wallfahrt zum Grab Mohammeds

Die Hidschra ist von zentraler Bedeutung für die Lehre des Islams, und sie markiert auch den Beginn der Zeitrechnung des islamischen Mondkalenders. Mohammed, der von der Elite in Mekka gehasst wurde, stieg nach seiner Ankunft in Medina nicht nur zum Religionsgründer, sondern auch zum geachteten Staatsmann auf. Das von ihm gegründete Kalifat wurde schon bald nach seinem Tod im Jahr 632 zum Islamischen Großreich. In den zehn Jahren nach der Hidschra war Medina das Zentrum des islamischen Lebens. Auch nachdem Mohammed Mekka 630 erobert hatte, blieb Medina einige Jahre lang weiterhin die wichtigste muslimische Stadt und Hauptstadt des Kalifats.

Die Moschee des Propheten in Medina, Masjid al-Nabawi, wurde von Mohammed eigenhändig gebaut, und zwar neben dem Haus, in dem er mit seiner Familie lebte. Im Lauf der Jahrhunderte wurde sie von den folgenden Kalifen stark vergrößert und ausgebaut. Der wichtigste Teil der Moschee ist von einer grünen Kuppel überdacht: das Grab des Propheten Mohammed im Zentrum der Moschee. Die Kuppel trägt heute den Namen „Dom des Propheten“.

Bild auf Seite 64: Die Moschee des Propheten in Medina in der Abenddämmerung.
Bild oben: Ein für Nicht-Muslime seltener Blick in das Innere des zweitwichtigsten muslimischen Wallfahrtsorts.

Ursprünglich war die Moschee ein offenes Gebäude, und ihr Grundriss wurde bei vielen anderen Moscheen auf der ganzen Welt übernommen. Das Gelände war mit den Maßen 30 x 35 m nahezu quadratisch. Die Mauern wurden aus Palmenstämmen und Lehm gebaut. Im Inneren, in das man durch drei Eingänge gelangte, gab es eine erhöhte Plattform, von der aus Mohammed seine Predigten abhielt. Der Gebetsplatz war gen Jerusalem ausgerichtet. Später, als die Kibla nach Mekka geändert wurde, wurde auch die Ausrichtung des Gebetsplatzes entsprechend verändert.

Im Lauf von sieben Jahren (bis 629) verdoppelte sich die Größe der Moschee aufgrund des immer größer werdenden muslimischen Bevölkerungsanteils nahezu. Die auf Mohammed folgenden Herrscher bauten die Moschee immer weiter aus. Im Jahr 707 ließ der Omaijaden-Kalif al-Walid das alte Bauwerk komplett einreißen und eine ganz neue, 84 x 100 m große Moschee mit Steinwänden bauen, die auch das Grab sowie das ehemalige Wohnhaus des Propheten umfasste. Diese neue Moschee hatte ein Dach aus Teakholz, das von Säulen gestützt wurde. Die Wände wurden von koptischen und griechischen Handwerkern mit Mosaiken verziert, die denen der Omaijaden-Moschee in Damaskus ähnelten. Den Hof umgab eine Galerie, an deren vier Ecken sich Minarette befanden. An der Kiblawand ließ al-Walid einen erhöhten Mihrab bauen, der von einer Kuppel überdacht wurde.

ECKDATEN

Bauzeit: ab 622
Stil: gemischt; wurde ständig erweitert und umgebaut.
Bauherr: Prophet Mohammed
Interessant: Beim Bau der ersten Moschee legte Mohammed bei der schweren Arbeit selbst Hand an.

Der Abbasiden-Kalif al-Mahdi ließ die nördliche Wand 778–781 einreißen, um den Moscheenkomplex zu vergrößern. Außerdem fügte er 20 neue Türen in die Moschee selbst ein. Unter dem Mamelucken-Sultan Kalawun erhielten das Haus und das Grab des Propheten eine Kuppel. Auch die Osmanen, die Medina von 1517 bis zum Ersten Weltkrieg regierten, hinterließen ihre Spuren. Sultan Suleiman I. ließ die West- und Ostfassade der Moschee erneuern und baute das nordöstliche Minarett. Außerdem ließ er neben dem Mihrab des Propheten einen neuen Mihrab bauen und setzte eine neue Kuppel, die mit Bleiplatten gedeckt und grün gestrichen war, über das Haus und das Grab des Propheten.

Erschöpfte muslimische Pilger ruhen sich auf dem Platz vor der Moschee des Propheten aus.

Während der Herrschaft des osmanischen Sultans Abdulmecid I. wurde die Moschee – mit Ausnahme des Grabes des Propheten, der drei Mihrabs, des Minbars und des von Suleiman gestifteten Minaretts – komplett umgebaut. Die gesamte Anlage wurde nach Norden hin erweitert. Die Gebetshalle wurde um das Doppelte verbreitert und mit kleinen Kuppeln bedeckt, die mit Koranversen und Auszügen aus einem berühmten Gedicht des arabischen Dichters al-Busiri dekoriert wurden. Die Kiblawand wurde mit glasierten Kacheln versehen, die mit Kalligraphie verziert waren. Die Gebetshalle und der Hof wurden mit Marmor und rotem Stein gepflastert, und westlich des Komplexes ließ Abdulmecid ein fünftes Minarett bauen.

Auch nach der Gründung des saudischen Königreichs 1932 wurden mehrere größere Umbauten vorgenommen. 1951 wurden im Osten und Westen der Gebetshalle neue Flügel angefügt. Die Minarette Suleimans und Abdulmecids mussten zwei neuen Minaretten im mameluckischen Stil weichen. Zusätzlich wurden nordöstlich und nordwestlich der Moschee zwei weitere Minarette gebaut. 1971 errichtete man westlich der Moschee Notunterkünfte, um der immer größer werdenden Zahl der Pilger Herr zu werden. Außerdem wurden um die alte Moschee herum neue Gebetsplätze eingerichtet, sodass sich die eigentliche Fläche nun verfünffacht hatte.

Heute hat die Moschee einen rechteckigen Grundriss und erstreckt sich über zwei Stockwerke. Der gesamte erste Stock wird von der Hauptgebetshalle ausgefüllt. Der ganze Komplex ist heute etwa hundertmal größer als die ursprüngliche Moschee und bietet über 500.000 Gläubigen gleichzeitig Platz. Auf dem Flachdach der Moschee erheben sich 24 Kuppeln. Der Innenraum wird durch Licht, das durch Löcher an der Basis der Kuppeln dringt, erhellt. An den Erweiterungsbauten gibt es insgesamt sechs Minarette, während das osmanische Hauptgebäude von vier Minaretten eingerahmt wird. Die gesamte Moschee ist mit farbigem Marmor und bunten Steinen prächtig dekoriert. Die neue Moschee selbst besteht aus weißem Marmor. Die alte Moschee ist innerhalb des neuen Baus jedoch erhalten geblieben. Nicht-Muslime dürfen die Moschee des Propheten nicht betreten.

HEILIGE MOSCHEE MIT DER KAABA
Mekka

Mekka (arabisch: Makka al-Mukarrama) ist eine Stadt im Westen Saudi-Arabiens, knapp 80 km vom Roten Meer entfernt. Zugleich ist es die Hauptstadt der Provinz Mekka in der geschichtsträchtigen Hedschas-Region. Die Stadt mit ihren 1,2 Millionen Einwohnern ist Geburtsort des Propheten Mohammed und der heiligste Ort aller Muslime. Jedes Jahr pilgern Millionen von ihnen aus aller Welt zum Haddsch an diesen Wallfahrtsort. Der Haddsch gehört zu den fünf Säulen des Islams und findet alljährlich im Monat Dhu al-Hidscha statt. Der islamische Kalender ist ein reiner Mondkalender und beginnt mit dem 1. Muharram 1 AH, dem Datum der Hidschra, Mohammeds Auszug aus Mekka. Unserem gregorianischen Kalender nach war dies der 16. Juli 622.

Jeder freie volljährige Muslim, der es sich irgendwie leisten kann, ist verpflichtet, einmal in seinem Leben eine Pilgerfahrt nach Mekka zu unternehmen. Eine Person, die einen Haddsch unternommen hat, darf danach den Ehrentitel „Haddschi“ tragen. Für Muslime, die aus sehr armen Verhältnissen stammen, ist der Haddsch nicht verpflichtend. Oft wird aber in armen Gemeinden Geld gesammelt, um einen Einwohner, der sich als besonders würdig erwiesen hat, nach Mekka zu schicken – quasi stellvertretend für sein ganzes Dorf. Männliche Pilger tragen während der Pilgerfahrt zwei weiße, ungesäumte Tücher. Eines wird um die Hüften geschlungen, eines um die Schultern. Während der Wallfahrt dürfen sie sich weder rasieren noch kämmen, geschweige denn Haare und Nägel schneiden. Dieser Weihezustand wird „Ihram“ genannt und darf nicht unterbrochen werden. Auch der Verlauf des Haddsch folgt strengen, genau festgelegten Ritualen. Diese gehen direkt auf die Abschiedswallfahrt Mohammeds im Januar 632 zurück, bei der alle Einzelheiten der Wallfahrtszeremonien festgelegt wurden. So wird die Kaaba z. B. siebenmal entgegen des Uhrzeigersinns umrundet. Diese Umrundung nennt man Tawaf. Es gibt zwei Arten der Wallfahrt: Der Haddsch, die große Wallfahrt, kann nur an bestimmten Tagen vorgenommen werden (8.–12. Dhu al-Hidscha), während die kleine Wallfahrt, die Umrah, zu jeder Zeit durchgeführt werden kann.

Im Herzen der heiligen Stadt

Bild auf Seite 68: Hunderttausende Muslime beim Sonnenuntergangsgebet in der Heiligen Moschee in Mekka.
Bild oben: Pilger bei der rituellen Umrundung (Tawaf) der Kaaba.

Nicht-Muslimen ist das Betreten der gesamten Stadt Mekka strengstens verboten – wer erwischt wird, risikiert es, öffentlich hingerichtet zu werden! Alle Straßen, die in die heilige Stadt führen, sind durch Straßensperren weiträumig abgesperrt. Man will damit verhindern, dass der heiligste aller heiligen Orte durch Ungläubige verunreinigt wird. Außerdem ist es für Muslime vollkommen undenkbar, dass aus Mekka ein Touristenziel werden könnte. Natürlich erweckt dieser Art der Heimlichtuerei die Neugier der Menschen, und so ist es in den letzten Jahrhunderten auch einigen Nicht-Muslimen gelungen, die Stadt entsprechend verkleidet zu betreten. Der wohl bekannteste Reisebericht stammt aus dem Jahr 1853 und wurde von dem englischen Forscher Sir Richard Francis Burton geschrieben, der als Pilger verkleidet nach Mekka reiste und an diversen religiösen Zeremonien teilnahm.

Das wichtigste Ziel der Pilger ist die Kaaba (Kubus, Würfel), ein fensterloses, etwa 12 x 10 x 15 m großes Gebäude, welches das Zentralheiligtum des Islams ist und im Innenhof der Moschee von Mekka steht. Die Kaaba wird von einem schwarzen, mit Ornamenten und Koransuren aus Gold- und Silberfäden bestickten Tuch aus Brokat, der Kiswah, umhüllt, das jedes Jahr erneuert wird. Die Kiswah wird in der staatseigenen Kiswah-Fabrik hergestellt, wo 100 Männer ein ganzes Jahr lang an dem Tuch arbeiten und für die Stickereien etwa 400 kg Fäden aus 999er-Gold und Silber verbrauchen. Die Kibla, die Richtung, in die jeder Muslim auf der ganzen Welt betet, ist genau auf die Kaaba ausgerichtet.

Für Muslime gilt die Kaaba als „erstes Haus Gottes", das vom Propheten Adam erbaut wurde, schließlich aber in Vergessenheit geriet. Der Legende nach sollen der Patriarch Abraham und sein Sohn Ismail, die im Islam beide als Propheten gelten, die Kaaba durch göttliche Fügung wiederentdeckt und erneut aufgebaut haben. Die Kaaba ist jedoch erst seit 632 ein rein muslimisches Heiligtum. In vorislamischer Zeit wurde sie bereits von arabischen Stämmen als Heiligtum zu Ehren des Gottes Hubal verehrt.

Die Kaaba besteht aus Granit, das aus den Bergen der Region herangebracht wurde, und steht auf einem kleinen Podest aus Marmor, das rundherum etwa 30 cm übersteht. An ihrer Ostseite ist der Schwarze Stein (al-Hajar ul-Aswad) eingemauert. Viele Pilger versuchen, den Schwarzen Stein, der in reines Silber eingefasst ist, bei ihrer Umrundung der Kaaba zu küssen oder wenigstens zu berühren. Der Stein, der einen Durchmesser von nur knapp 30 cm hat, ist in viele Einzelteile zerbrochen. Über seine Bedeutung gibt es unterschiedliche Meinungen. Einer Legende nach fiel er zu Zeiten Adams und Evas schneeweiß vom Himmel und verfärbte sich durch die Sünden der Menschen im Lauf der Zeit schwarz. Die Herkunft des Steines und die Frage, ob es sich dabei tatsächlich um einen Meteoriten handelt, konnte nie

ECKDATEN

Bauzeit: zwischen 634 und 644
Stil: Mischform verschiedener Baustile
Bauherr: Omar ibn al-Chattab
Interessant: Die Moschee fasst nahezu eine Million Gläubige und ist die größte Moschee der Welt.

geklärt werden, da eine genaue Untersuchung des Steines von seinen Wächtern nicht zugelassen wird. So bleibt der Schwarze Stein ein ungelöstes Rätsel.

Bild oben links: Blick auf die Heilige Moschee mit Vorplatz.
Bild oben rechts: Die goldene Tür an der Kaaba.
Bild auf den nächsten Seiten: Muslime beim Beginn der Pilgerrituale der Haddsch in Mekka.

Die Kaaba hat an ihrer nordöstlichen Wand in 2 m Höhe einen Eingang. Hinauf gelang man über eine hölzerne Treppe, die bei Bedarf herangerollt wird. Der Boden im Inneren besteht aus Marmor. Auch die Wände sind bis auf die halbe Höhe mit Marmorplatten verkleidet, in die wiederum Platten mit Koranversen eingelassen sind. Der obere Teil der Wände ist mit grünem Tuch verhängt, das mit Koranversen bestickt ist.

Die Masjid al-Haram, die Heilige Moschee, umgibt die Kaaba. Sie ist die größte Moschee des Islams. Der Komplex umfasst 356.800 m^2 und bietet Platz für nahezu eine Million Gläubige! Die ursprüngliche Moschee war viel kleiner, wurde aber im Lauf der Jahrhunderte den Erfordernissen entsprechend immer weiter vergrößert. Die erste Moschee wurde unter der Herrschaft des Kalifen Omar ibn al-Chattab (634–644) gebaut. 777 wurde sie unter Abbasiden-Kalif al-Mahdi komplett umgebaut. Der neue Komplex, in dessen Mitte sich die Kaaba befand, war nun 196 m lang und 142 m breit. Al-Mahdi ließ auch drei Minarette bauen. 1399 wurde die Moschee bei einem Feuer schwer beschädigt, bald darauf aber vom Mamelucken-Sultan Nadir Faraj bin Barkuk wieder aufgebaut. Auch die osmanischen Sultane taten ihren Teil zum Um- und Ausbau der Moschee. Mimar Sinan renovierte sie auf Geheiß von Sultan Selim II. Er ersetzte das flache Dach der Gebetshalle durch Kuppeln und ließ neue Säulen aufstellen. Zum Ende der osmanischen Herrschaft im Ersten Weltkrieg umfasste die Moschee ein Areal von 192 x 132 m und hatte sieben Minarette. Auch unter saudischer Herrschaft wurde sie weiter vergrößert, ausführlich renoviert und modernisiert. Heute gibt es in der Moschee sogar eine Klimaanlage und Rolltreppen, die bis zu 100.000 Menschen pro Stunde transportieren können.

JUMEIRAH-MOSCHEE

Dubai

Das Emirat Dubai liegt auf der Arabischen Halbinsel am Persischen Golf und ist das zweitgrößte der sieben Vereinigten Arabischen Emirate. Der größte Teil des Landes besteht aus Wüste. In der Stadt Dubai, in der sich fast das gesamte wirtschaftliche, soziale und politische Leben abspielt, leben 99 % der Einwohner des Emirats. Dubai-Stadt liegt am nördlichen Rand des Landes und grenzt an das Emirat Schardja. Jumeirah ist einer der südlichen Stadtteile Dubai-Stadts und liegt direkt am Strand. Herrscher von Dubai ist zur Zeit Scheich Mohammed bin Raschid al-Maktum, dessen Familie das Emirat bereits seit 1833 regiert, als man sich mit der Hilfe von Schardja von Abu Dhabi lossagte. Im 19. Jahrhundert nahm auch der Hafen Dubais immer weiter an Bedeutung zu und war bald eines der wichtigsten Handelszentren der Golfregion. Als 1966 das erste Erdöl entdeckt wurde, begann sich die Erdölindustrie mit rasanter Geschwindigkeit zu entwickeln. Nur 15 % der Einwohner Dubais sind tatsächlich Emirater. Der Großteil der Bevölkerung stammt zumeist aus Süd- und Südostasien sowie aus dem benachbarten Iran – und nur knapp ein Viertel ist weiblich. Die meisten Einwohner Dubais sind Muslime des sunnitischen Zweiges, aber aufgrund des hohen Ausländeranteils aus Süd- und Südostasien gibt es auch viele Hindus und Sikhs.

Die ganz aus elfenbeinfarbenem Stein gebaute Jumeirah-Moschee in der Al-Jumeirah Road ist die mit Abstand größte und spektakulärste Moschee Dubais. Am schönsten sieht sie nach Sonnenuntergang aus, wenn sie von unzähligen Lichtern angestrahlt wird. Die im mittelalterlichen Fatimiden-Stil gebaute Moschee ist ein Meisterwerk der modernen islamischen Architektur. Sie hat zwei Minarette, die eine Hauptkuppel flankieren. Die Fatimiden waren eine schiitische-ismailitische Dynastie, die ihre Abstammung auf Fatima, die Tochter Mohammeds, zurückführten und 909–1171 im Maghreb (Tunesien, Algerien und Marokko) sowie in Ägypten und Syrien herrschten.

Nicht-Muslime dürfen die Jumeirah-Moschee nur an zwei Tagen pro Woche (Sonntag und Donnerstag) im Rahmen geführter Touren besichtigen. Damit ist die Jumeirah-Moschee die einzige Moschee in den Emiraten, die von Andersgläubigen überhaupt besucht werden darf. Eingeführt wurden diese Touren vom Sheik Mohammed Centre for Cultural Understanding, bei dem man sich auch für die Besichtigung anmelden kann. Die Touren dauern jeweils 75 Minuten. In dieser Zeit erfahren die Besucher viel über das Leben in den Emiraten, über die Kultur sowie über den Islam selbst. Anschließend können auch Fragen gestellt werden. Mit diesen geführten Touren, die inzwischen seit sieben Jahren stattfinden, soll das Verständnis zwischen den Kulturen gefördert werden.

ECKDATEN

Bauzeit: 20. Jahrhundert
Stil: Fatimiden-Stil
Bauherren: Familie al-Maktum
Interessant: Die Jumeirah-Moschee ist eines der meistfotografierten Bauwerke Dubais.

Bild auf der vorigen Seite: Die Jumeirah-Moschee wird durch geschickte Beleuchtung in ein magisches Licht getaucht.

SULTAN-KABUS-MOSCHEE
Maskat

Die erste Sultan-Kabus-Moschee wurde in den 1970er-Jahren in der omanischen Stadt Ruwi gebaut. Es folgten weitere Moscheen gleichen Namens in verschiedenen Städten im ganzen Sultanat. Schließlich beschloss Sultan Kabus ibn Said, dass es an der Zeit wäre, in der ständig wachsenden Hauptstadt Maskat eine große Moschee zu errichten, die zu einem Denkmal islamischer Architektur werden sollte. Im Jahr 1992 ließ er einen internationalen Wettbewerb ausschreiben, um ein geeignetes Design für die neue Moschee zu finden. Sieger wurde der in Maskat ansässige irakische Architekt Mohamed Saleh Makiya.

1995 begannen die Bauarbeiten auf einem 416.000 m² großen Areal im Verwaltungsbezirk Bausher. Dieser liegt an einer der Hauptverkehrsadern des Landes, die Maskat direkt mit den anderen Verwaltungsbezirken und wichtigen Städten verbindet. Der Moscheenkomplex an sich bedeckt eine Fläche von 40.000 m² und besteht aus rund 300.000 Tonnen indischem Sandstein. Am 4. Mai 2001, nach über sechsjähriger Bauzeit, wurde die Sultan-Kabus-Moschee von Sultan Kabus ibn Said persönlich eingeweiht.

Der größte Gebetsteppich der Welt

Bild auf Seite 76: Rückansicht der Sultan-Kabus-Moschee in Oman. Bild oben: Außenansicht des Gebetssaals.

Der Haupteingang wird im Osten und Westen von den Nebeneingängen flankiert. Alle drei führen in den gepflasterten, 24.400 m² großen Außenbereich, der die beiden Gebetshallen umgibt. Die quadratische, 74,4 x 74,4 m große Hauptgebetshalle im klassischen osmanischen Stil wird von einer 50 m hohen Kuppel bedeckt, die zusammen mit dem 91,5 m hohen Hauptminarett der beeindruckendste Bestandteil der Moschee ist. Östlich der Hauptgebetshalle liegt die durch den Innenhof abgetrennte Gebetshalle der Frauen. Der Innenhof und die Gebetshalle der Frauen werden von Arkadengängen umgeben. Die Hauptgebetshalle kann 6.500 Personen aufnehmen, die Gebetshalle der Frauen zusätzliche 750. Im Außenbereich haben weitere 8.000 Menschen Platz, und – sofern erforderlich – auch im Innenhof und in den Gängen ist noch genug Raum für Gläubige, sodass insgesamt 20.000 Menschen gleichzeitig in der Moschee beten können. Die beiden Gebetshallen sind im Norden und Süden durch Korridore von den restlichen Gebäuden des Komplexes abgetrennt. Jeder der Korridore ist 221 m lang und wird von einer Reihe von Kuppeln bedeckt, deren Stil an die architektonisch einzigartige Moschee von Bilad Bani Bu Ali in Oman angelehnt ist. Die südliche Wand bildet dabei eine Art doppelwandige Abschirmung, in der sich z. B. die 20.000 Bände umfassende Bibliothek befindet. Zur Moschee gehören auch noch ein 300 Personen fassender Versammlungsraum sowie die obligatorischen Waschräume.

ECKDATEN

Bauzeit: 1995–2001
Stil: Kombination verschiedener islamischer Baustile
Architekten: Mohamed Saleh Makiya und Quad Design
Interessant: Der Teppich in der Gebetshalle ist der größte am Stück gefertigte Teppich der Welt.

An den äußeren Ecken des Komplexes befinden sich vier 45 m hohe, relativ massive Minarette, die je zwei Umgänge haben und nach oben hin spitz zulaufen. Sie fungieren als „Grenzsteine“ und sollen, zusammen mit dem fünften und Hauptminarett, die fünf Säulen des Islams symbolisieren. Auf den Wänden der Hauptgebetshalle befinden sich Brustwehre, wie man sie normalerweise in omanischen Festungen findet. Der Mihrab ragt, wie in omanischen Moscheen üblich, aus der äußeren Kiblawand heraus. In der Kiblawand befindet sich südlich des Mihrabs der Eingang des Sultans. Nördlich des Mihrabs, ebenfalls in der Kiblawand, liegt der Zugang des Imams zur Kanzel (Minbar).

Die geschnitzten Holztüren der Gebetshalle sind mit vielfältigen islamischen Ornamenten bedeckt, und die Holztüren, die vom Innenhof in die Gebetshalle der Frauen führen, haben im oberen Teil in ein Gittermuster eingefügte Buntglasfenster. Damit soll die Untrennbarkeit der Gebetsbereiche symbolisiert werden.

Der Fußboden der Moschee inklusive des äußeren Bereichs ist mit Mamorplatten in der Größe von Gebetsteppichen gepflastert, die in geometrischen Mustern angeordnet sind. Östlich der Gebäude befindet sich ein tradionell islamischer Garten mit einem Pavillon mit Brunnen und Terrasse, von dem aus ein Kanal Wasser zu einem überdachten Mamorbecken in der Mitte des Gartens führt. Der gesamte Innenhof kann bei Bedarf mit einem ausfahrbaren Baldachin überdacht werden.

Das Innere der Gebetshalle ist komplett mit cremefarbenem und dunkelgrauem Marmor verkleidet und mit vergoldeten Wandgemälden im Stil der Safawiden dekoriert. Die Kuppel wird von innen durch vier Säulen gestützt. An der Nord- und Südwand befinden sich Arkadengänge mit verzierten Bögen im Mamelucken-Stil. Jedes Element im Inneren der Moschee besteht aus einer Kombination verschiedener islamischer Bau- und Dekorationsstile, die sich harmonisch in den Gesamtstil einfügen. Die Kuppel aus Marmorrippen, zwischen die Kachelelemente eingefügt wurden, scheint von außen aus einem vergoldeten Gitter zu bestehen.

Die größte Attraktion ist jedoch der 263 m² große Gebetsteppich, der den Boden der Hauptgebetshalle bedeckt. Er besteht aus 1,7 Milliarden einzelner Knoten und wiegt 21 Tonnen! Seine Herstellung dauerte vier Jahre. Im Teppich wurden die klassischen Tabriz-, Kashan- und Isfahan-Stile kombiniert. Insgesamt wurden 28 verschiedene Farben verwendet, die größtenteils aus traditionellen Pflanzenfarbstoffen hergestellt wurden. In der Hauptgebetshalle gibt es 35 Kronleuchter aus Swarowski-Kristall und vergoldeten Metallen. Der Hauptkronleuchter ist 14 m hoch und 8 m breit, hat 1.221 Lichter und wiegt 8 Tonnen! In der Gebetshalle der Frauen gibt es neun Kronleuchter aus türkischem Kristall.

Insgesamt wurde im Stil der Sultan-Kabus-Moschee eine Vielfalt islamischer Baumeister – von den persischen Safawiden über die Mamelucken bis zu den indischen Moguln und den Osmanen sowie den Omanen selbst – auf eine äußerst gelungene Art und Weise verewigt.

Ein Blick in das Innere der Sultan-Kabus-Moschee.

BIBI CHANYM
Samarkand

Die usbekische Stadt Samarkand wurde bereits im 14. Jahrhundert v. Chr. von den Persern begründet und ist damit eine der ältesten Städte der Welt. Da die Stadt genau in der Mitte der Seidenstraße liegt, wurde Samarkand bald zu einer wohlhabenden Handelsmetropole. Besonders florierte die Stadt unter der Herrschaft der persischen Samaniden, aber 1220 wurde sie vom mongolischen Eroberer Dschingis Khan eingenommen und zerstört. Der mongolische Herrscher Timur Lenk – in Europa besser bekannt als Tamerlan – machte sie schließlich zur Hauptstadt seines Reiches.

1399 beschloss Timur nach seiner Kampagne in Indien, in seiner Hauptstadt eine gewaltige, kathedralenartige Moschee zu bauen. Nach ihrer Fertigstellung im Jahr 1404 war die neue Moschee 167 m lang und 109 m breit. Die Kuppel über der Haupthalle ist 40 m hoch. Leider hatte Timur Lenk sich mit seinem riesigen Bauvorhaben wohl etwas übernommen, denn schon bald nach ihrer Einweihung begann die Moschee, teilweise wieder einzustürzen.

Warum Timur die Moschee überhaupt bauen wollte, ist bis heute unklar. Sollte sie sein Dank an Gott für die erfolgreiche Indien-Kampagne sein? Oder wollte er damit für seine Sünden Buße tun? Bei der Eroberung Delhis gingen Timurs Truppen mit überaus großer Grausamkeit vor, zerstörten die Stadt bis auf die Grundmauern und schlachteten über 100.000 Einwohner regelrecht ab. Fast scheint es, als hätte Gott das Opfer Timurs – in Form der Moschee – abgelehnt. Viel wahrscheinlicher ist jedoch, dass die Moschee einstürzte, weil sie lediglich aus Lehmziegeln gebaut war und mitten in einer stark von Erdbeben gefährdeten Zone stand. Außerdem war ihre Kuppel für die damalige Zeit viel zu hoch, um tatsächlich stabil zu sein. Timurs Architekten fehlten zudem oft die nötigen Kenntnisse und Baumaterialien für das gewagte Unternehmen.

Im Lauf der Zeit rankten sich Legenden um den Bau der Moschee, die sich vor allem um die angeblich unsterbliche Liebe des Architekten zu einer Frau Timurs, Bibi Chanym (was übersetzt „Königin aller Frauen" bedeutet), drehen. Es gibt jedoch keinerlei Beweise dafür, dass diese Frau jemals existiert hat. Tatsache ist aber, dass Timurs älteste Frau, Sarai Mulk-Chanym, nach der die Moschee benannt ist, rein gar nichts mit dem mystischen Mädchen aus der Legende gemeinsam hat.

Bis zum Ende des 20. Jahrhunderts waren die Ruinen der Bibi-Chanym-Moschee ein Symbol für eine berühmte Aussage des Propheten Mohammed: „Stolz führt zur Zerstörung und Arroganz zum Untergang." Inzwischen wurde die Moschee wieder aufgebaut, aber leider zerstörte die usbekische Regierung bei diesem Prozess alle Überreste der ursprünglichen Moschee, sodass es sich bei der heutigen Bibi-Chanym-Moschee um ein ganz neues Gebäude handelt. Einzig der Basar, der zu Fuße der Moschee liegt, blieb unverändert wie vor 600 Jahren.

ECKDATEN

Bauzeit: 1399–1404
Stil: zentralasiatischer Stil
Bauherr: Timur Lenk
Interessant: Der Legende nach wurde die Moschee zu Ehren von Timurs Lieblingsfrau Bibi Chanym gebaut. Vermutlich hat es diese Frau jedoch nie gegeben.

Bild auf der vorigen Seite: Die Kuppel der Bibi-Chanym-Moschee in Samarkand.

KING-SHAH-FAISAL-MOSCHEE
Islamabad

Die King-Shah-Faisal-Moschee ist die Nationalmoschee Pakistans und symbolisierte zum Zeitpunkt ihres Entwurfs die Hoffnungen der noch jungen islamischen Republik. Sie liegt am Fuß der Margalla-Hügel, im Nordwesten der Hauptstadt Islamabad, die erst in den 1960er-Jahren gegründet wurde. Von der Unabhängigkeit Pakistans im Jahr 1947 bis 1958 war das im Süden des Landes gelegene Karatschi die Hauptstadt.

Aufgrund ihrer besonderen Architektur und ihrer enormen Größe – die King-Shah-Faisal-Moschee bietet inklusive ihrer Außenfläche gut 80.000 Gläubigen gleichzeitig Platz und ist damit eine der größten Moscheen der Welt – ist sie heute das Wahrzeichen der Stadt. Durch ihren Standort auf einem erhöhten Plateau ist die Moschee tagsüber auch von Weitem gut zu sehen.

Die Moschee ist ein Geschenk des saudischen Königs Faisal ibn Abd al-Aziz an Pakistan. Als der damalige saudische Herrscher das Land im Jahr 1966 besuchte, machte er den Vorschlag zum Bau einer gewaltigen Moschee. Einige Jahre später wurde ein internationaler Wettbewerb ausgeschrieben, um das passende Design für die neue Moschee zu finden. Es beteiligten sich Architekten aus 17 Ländern an dem Wettbewerb, und es wurden insgesamt 43 Entwürfe eingereicht. Die Wahl fiel schließlich auf den türkischen Architekten Vedat Dalokay. Dieser hatte einen modernen Entwurf eingereicht, der jedoch immer wieder von vielen Muslimen kritisiert wurde, fehlte seiner Moschee doch die traditionelle Kuppel. Die Bauarbeiten, die 1976 begannen, wurden komplett von der damaligen saudischen Regierung

finanziert. Nach heutigen Maßstäben hat der Bau gut 120 Millionen $ gekostet. Da sich auch König Faisal persönlich an der Finanzierung beteiligte, benannte man sowohl die Moschee selbst als auch die Straße, die zur Moschee führt, nach seiner Ermordung 1975 nach ihm. Nach zehnjähriger Bauzeit wurde die Moschee 1986 endlich fertig gestellt. Unter dem Hof der Moschee befand sich der Campus der International Islamic University Islamabad (IIUI). Diese ist inzwischen jedoch auf einen eigenen, neuen Campus, der im Jahr 2000 eingeweiht wurde, umgezogen. Außerdem gehören zum Moscheenkomplex das Islamic Research Centre, eine Bibliothek, ein Museum und eine Kantine.

Die Moschee hat eine Gesamtfläche von 5.000 m^2 und ist an ihrer höchsten Stelle 40 m hoch. Durch ihre eigenartige, dreieckige Gebetshalle wirkt sie fast wie ein gigantisches Zelt. Die vier der türkischen Tradition nachempfundenen Minarette, die jeweils an den Eckpunkten der Moschee gebaut wurden, sind je 90 m hoch und tragen das Gewicht der Gebetshalle – ganz so, wie Eckpfosten das Gewicht eines Zeltes tragen. Die Fassade der Moschee besteht komplett aus weißem Marmor.

Bild auf Seite 82: Seitenansicht des modernen, zeltartigen Gebetssaals. Bilder auf der vorigen Seite: Das Dach der Moschee wird von einem Halbmond gekrönt (oben). Eines der vier bleistiftartigen Minarette (unten links). Gläubige vor der Moschee (unten rechts). Bild oben: Muslime beim Gebet in der Moschee.

Im Inneren der Gebetshalle hängt ein gewaltiger Kronleuchter, der 7,5 Tonnen wiegt und aus 1.000 Glühbirnen besteht. Die Wände sind mit Mosaiken und Kalligraphien des berühmten pakistanischen Künstlers Sadekain verziert. Die Kiblawand ist mit türkischen Kacheln gefliest worden, und im Dach befindet sich ein riesiger goldener Halbmond. Unterhalb der Wand gibt es Wasserbecken, die durch Erhöhen und Absenken des Wasserspiegels als eine Art Klimaanlage dienen. Die Gebetshalle selbst fasst 10.000 Menschen.

Vor dem Haupteingang im Osten der Moschee liegt ein Vorhof mit Säulengängen. Diese bieten Platz für knapp 24.000 Menschen, und weitere 40.000 Gläubige finden im Hof selbst Platz.

Neben der Moschee liegt das Mausoleum des Generals Mohammed Zia ul-Hak, der Pakistan 1977–1988 regierte. Der General rief 1977 das Kriegsrecht in Pakistan aus und begründete damit die dritte Militärdiktatur des Landes. Unter seiner Führung wurde die Schari'a als Rechtsgrundlage eingeführt und die Islamisierung des Landes vorangetrieben. Zia ul-Hak kam am 17. August 1988 durch ein höchst ausgefeiltes Attentat – sein Flugzeug wurde gezielt zum Absturz gebracht – ums Leben, und die Verantwortlichen wurden niemals gefasst. Seine Beerdigung war das größte Staatsbegräbnis, das Pakistan jemals gesehen hatte. Heute dient sein Mausoleum vor allem denjenigen als Anlaufstelle, die für Verstorbene beten wollen.

ECKDATEN

Bauzeit: 1976–1986
Stil: moderner, zeltartiger Bau ohne Kuppel
Architekt: Vedat Dalokay
Interessant: Die King-Shah-Faisal-Moschee gilt als modernste Moschee der Welt.

JAMI MASJID
Delhi

Die Jami Masjid (Freitagsmoschee) in der Altstadt Delhis ist die größte und bekannteste Moschee Indiens. Es gibt noch weitere Jami Masjids in anderen indischen Städten, die traditionell muslimisch geprägt waren oder einen signifikanten muslimischen Bevölkerungsanteil haben. Delhis rot-weiße Jami Masjid, die sich nur knapp 500 m vom Roten Fort entfernt auf der gegenüberliegenden Straßenseite befindet, überragt die sie umgebenden Basare und ist weithin sichtbar. Die Jami Masjid steht auf dem Bho Jhala, einem von zwei Hügeln in der alten Mogul-Hauptstadt Shajahanabad, und bietet einen herrlichen Blick auf die umliegende Altstadt Delhis. Insgesamt hat die Moschee Platz für etwa 25.000 Gläubige und gilt als Höhepunkt der Mogul-Architektur.

Bauherr der Jami Masjid war Schah Jahan, der auch für viele weitere berühmte Bauten in Delhi, Agra, Ajmer und Lahore verantwortlich war. Sein wohl bekanntestes Bauwerk ist der weltberühmte Taj Mahal in Agra, den er als Grabmal für seine Lieblingsfrau Mumtaz Mahal errichten ließ. Schah Jahan (persisch: der Herr der Welt), eigentlich Shahbuddin Mohammed Schah Jahan, war der fünfte Mogul Indiens, nach Babur, Humayun, Akbar und Jahangir. Nach dem Tod seines Vaters Jahangir im Jahr 1627 folgte er diesem auf den Thron. Unter seiner Herrschaft blühte das Mogulreich erst richtig auf. Es war auch die Blütezeit der klassischen indisch-muslimischen Architektur, des Mogul-Stils. Schah Jahan war auch der Gründer Delhis, das damals noch Shajahanabad hieß. Er war ein begeisterter Hobbyarchitekt und Baumeister und hatte einen ausgeprägten Sinn für Ästhetik.

Die ganze Pracht des Mogulreiches

Das prächtige Mogulreich bestand auf dem indischen Subkontinent 1526–1857. Der bedeutendste Mogul bzw. Großmogul war Djalal ad-Din Mohammed Akbar, Schah Jahans Großvater. Die Staatssprache war Persisch, und auch die gesamte Beamtenschaft war persisch geprägt, unterlag aber ständig wachsenden indischen Einflüssen. Gegründet wurde das Mogulreich von Sahired-din Mohammed Babur, einem der vielen Urenkel Timur Lenks. Der Schwerpunkt des Reiches lag in Nordindien, und der große Unterschied zu den früheren Delhi-Sultanen bestand vor allem darin, dass die Moguln sich bemühten, überwiegend nach politischen und nicht nach religiösen Gesichtspunkten zu regieren. Hindus waren unter den Moguln – zumindest bis zur Herrschaft von Schah Jahans Sohn Aurangseb – nahezu gleichberechtigt. Aurangseb ließ jedoch Hindutempel abreißen, führte die religiösen Steuern für Nicht-Muslime wieder ein und entfernte viele Hindus aus ihren Posten in der Verwaltung. So war es nicht weiter verwunderlich, dass die Herrschaft Aurangsebs den Anfang vom Ende des Mogulreiches markierte. Innere Streitigkeiten nach dem Tod Aurangsebs führten zur immer größeren Zersplitterung des Reiches in kleine und Kleinststaaten, die von Maharadschas beherrscht wurden. Schließlich wurden nicht einmal mehr Steuern an Delhi gesandt. 1857 endete die Mogulherrschaft in Indien endgültig, als die Briten nach der Niederschlagung des Sepoy-Aufstands ganz Indien in mehr oder weniger direkten Besitz nahmen.

Bild auf Seite 86: Die Jami Masjid in Delhi mit ihren drei Zwiebelkuppeln. Bild auf Seiten 88/89: Frontansicht der Jamis Masjid mit Vorplatz. Bild oben: Muslime beim Gebet (Namaz) in der Moschee.

Der Grundriss der Jami Masjid, an deren Bau weit über 5.000 Arbeiter beteiligt waren, ist dem der Moti Masjid (ebenfalls in Delhi) sehr ähnlich. Von Norden, Süden und Osten aus gelangt man über Treppen in den Vorhof der Moschee. Die nördliche Treppe hat 39 Stufen, die südliche 33. An der Ostseite befand sich einst der königliche Eingang, dessen Treppe 35 Stufen aufweist. Alle drei Treppen bestehen aus rotem Sandstein. Vor dem Unabhängigkeitskrieg 1857 gab es eine Medrese (Schule) an der Südseite der Moschee. Diese wurde im Zuge des Aufstands jedoch abgerissen.

Die Moschee ist insgesamt nach Westen ausgerichtet und 80 x 27 m groß. Auf drei Seiten befinden sich offene Kolonnadengänge, die in der Mitte jeweils turmartige Eingangstore haben. Bedeckt wird die Moschee von drei Zwiebelkuppeln, die durch ihren schwarzen und weißen Marmor gestreift wirken. Der oberste Teil der Kuppeln ist jeweils vergoldet. Die Jami Masjid hat zwei 40 m hohe Minarette, auf die jeweils 130 Stufen führen. Sie bestehen aus Längsstreifen aus rotem Sandstein und weißem

Blick auf den riesigen Innenhof der Jami Masjid.

Marmor und stehen seitlich der Zwiebelkuppeln. Die Minarette werden durch Galerien in drei Teile geteilt. Oben auf jedem Minarett befindet sich ein offener, zwölfeckiger Pavillon, der eine kleine Kuppel als Dach hat. Auf der Rückseite der Moschee findet man vier weitere, wenn auch kleinere Minarette.

Unter den Kuppeln befindet sich eine Eingangshalle mit sieben bogenförmigen Eingängen. Dahinter liegt die etwa 61 x 28 m große Gebetshalle, die ihrerseits elf bogenförmige Eingänge hat. Der mittlere Eingang ist groß und hoch und wirkt beinahe wie ein Torbogen. Über den Bögen sind Platten aus weißem Marmor mit Einlegearbeiten aus schwarzem Marmor angebracht. Darauf wird die Geschichte der Moschee erzählt. Im Inneren der Moschee sind die Wände hüfthoch mit Marmor bedeckt. Der Boden ist mit schwarzem und weißem Marmor gepflastert, der muslimischen Gebetsteppichen nachempfunden ist. Jede weiße Marmorplatte wird von der nächsten durch einen schmalen, schwarzen „Marmorsaum" abgegrenzt. Insgesamt gibt es 899 solcher „Gebetsteppiche" aus Stein in der Gebetshalle.

Der Hauptimam der Moschee ist übrigens ein direkter Abkömmling des ersten, noch von Schah Jahan persönlich eingesetzten Imams.

ECKDATEN

Bauzeit: 1644–1658
Stil: klassischer Mogul-Stil
Bauherr: Schah Jahan
Interessant: Die Jami Masjid bildet den Höhepunkt der Mogul-Architektur.

FATEHPUR SIKRI
Agra

Das 40 km südwestlich von Agra im indischen Bundesstaat Uttar Pradesh gelegene Fatehpur Sikri war einst die Hauptstadt des Mogulreiches. Die Stadt wurde 1569–1576 auf Veranlassung des damaligen Moguls Djalal ad-Din Mohammed Akbar gebaut.

Trotz seiner zahlreichen Frauen hatte Akbar, der als erster Mogul eine Hindi – genauer gesagt eine Rajputen-Prinzessin – heiratete, lange Zeit keinen Erben, und so ging er mehrmals zu dem muslimischen Weisen Scheich Salim Chishti, dessen Wahrsagekunst sich schon überall im Land herumgesprochen hatte. Salim Chishti lebte abseits der lauten Großstadt Agra auf dem Hügel Sikri, und zwar keineswegs als asketischer Einsiedler, wie es in den Legenden gern behauptet wird, sondern in einem luxuriösen Haus mit mehreren Frauen und einigen Dienern. Er gehörte dem geheimnisvollen Sufi-Orden der Chishti an und prophezeite dem Mogul nicht nur den lang ersehnten Thronfolger, sondern gleich drei Söhne. Tatsächlich traf diese Vorhersage ein: 1569 wurde Thronfolger Jahangir geboren, und bald darauf folgten die Prinzen Murad und Danijal.

Dass die drei Prinzen ihrem Vater alles andere als Freude machen würden, konnte ihm jedoch auch der weise Mann nicht voraussagen. Die beiden jüngeren Söhne starben bereits als junge Männer. Jahangir rebellierte immer wieder gegen seinen Vater, folgte ihm aber auf den Thron. Zeit seines Lebens litt er an schwerem Asthma. Später verfiel er zusätzlich dem Alkohol und dem Opium, sodass ihm zuletzt die Kontrolle über seine eigene Regierung immer weiter entglitt.

In der Siegesstadt

Da Akbar den Hügel Sikri fortan als glücksverheißenden Ort ansah, ließ er dort seine neue Hauptstadt bauen – im Rekordtempo von nur sieben Jahren! Zuerst wurde rund um den Hügel eine 11 km lange Mauer mit sieben Toren gezogen. Innerhalb dieser Begrenzung baute man dann die Stadt. Alle Bauten bestanden komplett aus rotem Sandstein. Da dieser an Ort und Stelle reichlich vorhanden war und in der Gegend zudem viele Steinmetze und Bauarbeiter lebten, ging der Bau außerordentlich schnell voran. Zusätzlich wurden auch Handwerker aus anderen Regionen angeworben, woraus sich die Mischung verschiedener regionaler Einflüsse, z. B. aus Gujarat oder auch aus Bengalen, erklärt. Elemente aus der Hindu- und Jainkultur gehen dabei Hand in Hand mit traditionell islamischen Bestandteilen.

Fatehpur Sikri, die „Siegesstadt", entwickelte sich in sehr kurzer Zeit zu einer emsigen Metropole, in der zu ihrer Blütezeit bis zu 200.000 Menschen gelebt haben sollen, bevor die Stadt – angeblich wegen Wassermangels – wieder aufgegeben wurde. Ob es tatsächlich am fehlenden Wasser gelegen hat, ist allerdings fraglich, wenn man sich die vielen Wasserbecken und Brunnen in der Stadt ansieht.

Der gesamte Hofkomplex ist bis heute sehr gut erhalten. Man kann durchaus sagen, dass Fatehpur Sikri die wohl am besten erhaltene Geisterstadt der Welt ist. Die einzelnen Gebäude waren in funktionellen Gruppen angeordnet, zwischen denen es immer wieder viel freien Raum gab. Für alle Aufgaben, die in einem Regierungssitz erledigt werden mussten, gab es spezielle Gebäude, z. B. Häuser für Audienzen oder elegante Unterkünfte für Staatsgäste.

Besonders gut erhalten ist die offizielle Audienzhalle Diwan-i-Am. Sie ist von kunstvollen Bogengängen umgeben und stand einst im Mittelpunkt aller offiziellen Feierlichkeiten. Nordwestlich von ihr gelangt man durch einen Torbogen in einen weiteren Hof, in dem die private Audienzhalle des Moguls steht, die Diwan-i-Khas. Im Mittelpunkt dieser Halle steht der wundervoll behauene Thronpfeiler, auf dem der Thron des Moguls stand.

Bild auf Seite 92: Mausoleum von Salim Chishti im Hof der Moschee von Fatehpur Sikri.
Bild oben: Muslimisches Mädchen in den Arkadengängen der Moschee.

Auf der anderen Seite des Gartens liegt der Daulat Khana, Akbars Privatpalast. Er besteht aus mehreren Gebäuden, die alle reich verziert sind. Die tragenden Säulen der Gebäude haben glockenförmige Sockel. Hier befanden sich auch die private Bibliothek und das Schlafgemach des Moguls, in dem man heute noch verblasste persische Inschriften an den Wänden erkennen kann. Nordwestlich des Schlafgemachs steht eines von Fatehpur Sikris berühmtesten Gebäuden: der Panch Mahal. Dabei handelt es sich um einen fünfstöckigen Palast, der sich nach oben hin zu einer einzigen Turmkammer verengt. Der Palast wird von insgesamt 176 Säulen gestützt. Allein im Erdgeschoss stehen 84 Säulen, die alle unterschiedlich aussehen. Der Frauenbereich des Palastkomplexes war damals natürlich streng abgeschirmt. Darin befindet sich u. a. der Palast der Jodhabai, Akbars hinduistischer „Hauptfrau", die wahrscheinlich auch die Mutter Jahangirs war.

Alle Bauten des Komplexes sind überaus reich mit Ornamenten, Reliefs und oftmals auch mit Mosaiken aus Halbedelsteinen verziert. Der weiche, aber dennoch äußerst beständige Sandstein erlaubte es den Handwerkern, zierliche, durchbrochene Brüstungen und gitterartige „Füllungen" für viele Fenster herzustellen. Auch die Säulen und Arkaden sind alle üppig verziert und ausgesprochen kunstvoll bearbeitet. Auf den meisten Gebäuden findet man zudem die typischen zierlichen Dachtürmchen mit ihren geschweiften Hauben.

Detailaufnahme eines Gebäudes in der alten Mogulstadt Fatehpur Sikri.

Bild Seite 96 oben: Dachtürmchen auf einer Mauer des Panch Mahal. Bild Seite 96 unten: Alter Brunnen im Innenhof der Mogulstadt.

Bild Seite 97: Das „Siegestor" Buland Darwaza, der Eingang zur Moschee von Fatehpur Sikri.

Im religiösen Mittelpunkt der Stadt stand die große Moschee, die im altiranischen Stil gebaut wurde. Ihr Innenhof ist äußerst weitläufig, und Blickfang ist das aus weißem Marmor bestehende Mausoleum von Salim Chishti, dessen Dach von kunstvoll bearbeiteten Steinsäulen gestützt wird. Allerdings bestand auch dieses Mausoleum, das 1570 gebaut wurde, ursprünglich aus rotem Sandstein und wurde erst später außen und innen mit dem Marmor verkleidet. Die überaus filigranen Arbeiten im Inneren des Mausoleums gehören sicher mit zu den kunstvollsten handwerklichen Arbeiten, die jemals von Menschen vollbracht wurden. Frauen, die sich einen Sohn wünschen, beten dort um die Erfüllung ihres Wunsches und hängen zur Verstärkung ihrer Bitten Fäden an die filigranen Marmorgitter.

In die Moschee gelangt man u. a. durch den 54 m hohen Buland Darwaza, das imposante „Siegestor", das 1576 erbaut wurde. Es entstand als Denkmal für Akbars Sieg über Gujarat. Sobald man das Tor durchschreitet, befindet man sich auf heiligem Boden und muss seine Schuhe ausziehen.

ECKDATEN

Bauzeit: 1569–1576
Stil: klassischer Mogulstil
Bauherr: Großmogul Djalal ad-Din Mohammed Akbar
Interessant: Die Baudenkmäler von Fatehpur Sikri gehören zum UNESCO-Weltkulturerbe.

SULTAN-SALAHUDDIN-ABDUL-AZIZ-MOSCHEE
Shah Alam

Malaysia besteht aus zwei Teilen: der Westteil liegt auf der malaysischen Halbinsel, der Ostteil auf der Insel Borneo. Als der Handel zwischen Indien und China zu florieren begann, wurde die malaysische Halbinsel zu einem wichtigen Handelszentrum. Mit dem Islam kam Malaysia erstmals im 7. Jahrhundert durch arabische Händler in Berührung. Die Religion konnte sich jedoch zunächst nicht durchsetzen, da zu dieser Zeit im Land verschiedene hinduistische und buddhistische Königreiche vorherrschten. Ab etwa dem 13. Jahrhundert ließen sich immer mehr Araber und Inder in Malaysia nieder, sodass es im Lauf der Zeit zu einer immer stärkeren Vermischung mit der einheimischen Bevölkerung kam. Tatsächlich islamisiert wurde Malaysia, genau wie Indonesien, zwischen dem 14. und 15. Jahrhundert. Heute ist der Islam, dem gut 60 % der Bevölkerung angehören, die Staatsreligion. Alle ethnischen Malaien, die im Land geboren werden, sind somit automatisch Muslime.

Bis in die 1970er-Jahre war der in Malaysia praktizierte Islam sehr liberal. Durch verschiedene Konflikte kam es dann zu einer regelrechten Islamisierungswelle, die aus Malaysia einen orthodox-islamischen Staat machte. Eine Abkehr vom Islam ist verboten und wird mit Gefängnisstrafen belegt. Theoretisch herrscht in Malaysia Religionsfreiheit. Praktisch sieht das jedoch etwas anders aus: Die malaysischen Muslime werden gegenüber den Anhängern anderer Religionen vom Staat ganz bewusst bevorzugt. So werden z. B. öffentlich angebotene christliche Veröffentlichungen, noch dazu, wenn sie auf Malaysisch erscheinen, zensiert. Auch ist es oft sehr schwierig, die Genehmigung für den Bau eines nicht-muslimischen religiösen Gebäudes zu bekommen.

Die größte Kuppel

Die 1982–1988 gebaute Sultan-Salahuddin-Abdul-Aziz-Moschee, die liebevoll auch „Blaue Moschee" genannt wird, ist mit einer Kapazität von nahezu 24.000 Besuchern eine der größten Moscheen Südostasiens. Sie steht in Shah Alam, der Hauptstadt des malaysischen Bundesstaates Selangor. Die Moschee wurde von Sultan Salahuddin Abdul Aziz, dem achten Sultan Selangors, in Auftrag gegeben, als er Shah Alam zur neuen Hauptstadt Selangors erklärte. Die wunderschöne, blau-weiße Kuppel der Moschee ist mit 51 m Durchmesser und einer Höhe von 107 m die größte „religiöse" Kuppel der Welt. Sie besteht aus einem Rahmen aus leichtgewichtigen Aluminiumröhren. Im unteren Bereich der Kuppel verläuft ein breites Band aus Koranversen, während der obere Teil mit einem Gittermuster aus dreieckigen, emaillierten Stahlplatten bedeckt ist.

Die Moschee, die vom malaysischen Architekten Baharuddin Abu Kassim, der auch die Staatsmoschee in Kuala Lumpur entworfen hat, gebaut wurde, hat drei Stockwerke, wovon zwei allein von der klimatisierten Gebetshalle eingenommen werden, die damit eine der größten der Welt ist. Die obere Galerie der Gebetshalle ist den Frauen vorbehalten. Im Erdgeschoss befinden sich der Empfang, die Verwaltungsräume und Konferenzsäle, die Bibliothek und einige Hörsäle. Um das Gebäude herum verläuft eine Veranda, die aus Aluminiumgittern besteht, das in komplexe islamische Muster gegossen wurde.

Zur Moschee gehören auch vier Minarette, die mit 142,2 m Höhe die zweithöchsten Minarette der Welt sind (nach dem Minarett der Moschee Hassan II. in Marokko, das 210 m misst). Die Minarette bestehen aus Ortbeton, haben je drei Galerien und laufen nach oben hin spitz zu. Der obere Teil der Minarette ist in den gleichen Farbtönen gehalten wie das Dach der Kuppel. Die Blaue Moschee in Shah Alam ist die einzige Moschee in Malaysia, die vier Minarette besitzt.

Im Inneren sind Teile der Kuppel und der Wände der Gebetshalle mit Kalligraphie verziert. Sie stammt von dem berühmten ägyptischen Künstler Sheikh Abdel Moneim Mohamed Ali al-Sharkawi. Der Minbar der Moschee besteht aus Holz und wurde von Handwerksmeistern aus dem nordmalaysischen Staat Kelantan hergestellt. Die Vorlagen stammen aus anderen traditionell malaysischen Moscheen. Die Fenster der Moschee bestehen aus Buntglas, sodass nur gedämpftes Licht in das Innere dringt. Dafür wurden an der Decke einzelne kleine Spots angebracht, die den Eindruck eines riesigen Sternenhimmels erwecken sollen.

Bild auf Seite 98: Haupteingang der Sultan-Salahuddin-Abdul-Aziz-Moschee in Shah Alam.
Bild auf Seiten 100/101: Rückansicht der Moschee.
Bild oben: Filigranes Gitter in typisch islamischem Muster.
Bild auf der nächsten Seite: Das international anerkannte Symbol des Islams.

ECKDATEN

Bauzeit: 1982–1988
Stil: islamisch-malaysische Mischform
Architekt: Baharuddin Abu Kassim
Interessant: Die Sultan-Salahuddin-Abdul-Aziz-Moschee hat die weltweit größte Kuppel aller religiösen Gebäude.

ISTIKLAL-MOSCHEE
Jakarta

Indonesien ist der größte Inselstaat der Welt und flächenmäßig sowie von der Einwohnerzahl her der größte Staat Südostasiens. 86 % aller Indonesier sind Muslime, und die allermeisten von ihnen gehören der sunnitischen Richtung des Islams an. Mit 177 Millionen Muslimen bildet Indonesien den größten islamischen Staat der Welt. Im Jahr 930 wurde in der Region Aceh an der Nordwestspitze der Insel Sumatra das erste Sultanat gegründet. Erst im 15. Jahrhundert breitete sich der Islam durch indische und arabische Händler in ganz Sumatra aus und schwappte zu Beginn des 16. Jahrhunderts auch nach Java hinüber. Im 17. und 18. Jahrhundert erreichte der Islam schließlich auch den Rest der indonesischen Inseln.

Auf Java verbreitete sich der Islam vor allem durch die Wali Songo, die neun „Gesandten Gottes“. Sie bauten überall auf der Insel Moscheen und islamische Schulen. Zwar predigten sie reine islamische Lehren gemäß des Korans, duldeten aber nebenbei auch alte Traditionen, die eigentlich dem Islam widersprachen. Ihnen ist es wohl zu verdanken, dass im ganzen Land heute ein liberalerer Islam praktiziert wird als z. B. in den arabischen Ländern. Die Mehrheit der Indonesier akzeptiert problemlos die anderen Kulturen und Religionen in ihrem Land, etwa die christliche Minderheit von 10 % der Einwohner. Obwohl die meisten indonesischen Muslime nach wie vor gemäßigt sind und bleiben, kann man eine zunehmende Radikalisierung des Landes nicht leugnen. So gilt etwa in 16 Provinzen des Landes bereits die Schari'a als Grundlage der Rechtssprechung.

Die Istiklal-Moschee in der indonesischen Hauptstadt Jakarta ist nicht nur die größte Moschee Indonesiens, sondern auch ganz Südostasiens. Über 120.000 Menschen finden gleichzeitig in dem Bau aus weißem Marmor und deutschem Stahl Platz! Zudem ist die Moschee, die 1984 im Auftrag der indonesischen Regierung gebaut wurde, die Nationalmoschee Indonesiens. Entworfen wurde der sehr moderne Bau vom indonesischen Architekten Friederich Silaban.

Die rechteckige Gebetshalle wird von einer kugelförmigen Kuppel mit 45 m Durchmesser überdacht. Diese wird wiederum von zwölf Säulen gestützt. Entlang der Gebetshalle stützen rechteckige Pfeiler auf allen vier Ebenen überhängende Balkons. In die Gebetshalle gelangt man durch eine Eingangshalle, die von einer 10 m breiten Kuppel bedeckt wird. Das Eingangsgebäude bildet eine direkte Verbindung zu den Säulengängen, die den Innenhof einrahmen.

Neben den religiösen Einrichtungen findet man im Gebäudekomplex auch noch Hör- und Ausstellungssäle sowie Räume für Konferenzen und Seminare. Zusätzlich werden spezielle Veranstaltungen für Frauen, Jugendliche und Kinder abgehalten.

Bilder auf der vorigen Seite: Tausende Gläubige beten zum Ramadan in der Istiklal-Moschee in Jakarta (klein, oben rechts). Eine Innenansicht der riesigen Moschee (klein, Mitte rechts). Der Innenhof der Istiklal-Moschee mit Minarett (groß).

ECKDATEN

Bauzeit: 1984
Stil: modern
Architekt: Friederich Silaban
Interessant: Die Istiklal-Moschee ist die größte Moschee Südostasiens und eine der größten Moscheen der Welt.

SUGONGTA-MOSCHEE MIT DEM EMIN-MINARETT
Turfan

Die Turfan-Senke im Regierungsbezirk Turfan, der im Uigurischen Autonomen Gebiet Xinjiang im Westen der Volksrepublik China liegt, ist mit 150 m unter dem Meeresspiegel nach dem Toten Meer die zweittiefste Senke der Welt. Die Stadt Turfan ist eine Oasenstadt an der nördlichen Seidenstraße und liegt am Nordrand der Turfan-Senke. Bewässert wird die Oase in einer Gegend, in der es durchschnittlich nur 16 mm Niederschlag im Jahr gibt, durch uralte unterirdische Kanäle, die Schmelzwasser aus dem etwa 70 km entfernt gelegenen Tienshan-Gebirge heranbringen.

Turfan war schon immer eine wichtige Station an der Seidenstraße, vor allem, weil es in weitem Umkreis das einzige fruchtbare Gebiet ist. Die Seidenstraße ist ein Netz aus Karawanenstraßen, dessen Hauptroute Ostasien mit dem Mittelmeer verbindet. Die ältesten Erwähnungen der Seidenstraße stammen bereits aus der griechisch-römischen Antike. So beschrieb z. B. Herodot im Jahr 430 v. Chr. den Verlauf der Nordroute. Die Seidenstraße verläuft über den größten Teil ihrer Strecke durch Wüste und ist somit einer der unwirtlichsten Landwege der Welt, auf dem man sich von einer Oase zur nächsten rettet. Auf der Seidenstraße wurden aber nicht nur Waren transportiert, sondern sie diente auch der Verbreitung von Religion und Kultur. Der Buddhismus etwa gelangte über die nördliche Seidenstraße von Indien bis nach China und Japan, wo er zur vorherrschenden Religion wurde. Der Islam war jedoch die Religion, die am meisten von der Straße profitierte. Von der arabischen Halbinsel aus eroberte er eine ehemals römische Provinz nach der anderen, bis bald die gesamte westliche Seidenstraße – und damit auch der transasiatische Handel – unter muslimischer Kontrolle war. Nachdem das Perserreich erobert war, setzte sich die Verbreitung des Islams auch in östlicher Richtung weiter fort. Nur wenige Menschen haben jemals die kompletten 8.000 km „Straßennetz“ der Seidenstraße bereist. Meist verlief der Handel über mehrere Zwischenstationen, da jede Nation, durch welche die Seidenstraße verlief, ihre eigenen Profite als Zwischenhändler machen wollte.

An der Seidenstraße

Bild auf Seite 106: Der Haupteingang der Sugongta-Moschee im Abendlicht.
Bild oben: Treppe an der Sugongta-Moschee.
Bild auf der nächsten Seite: Statue vor der Sugongta-Moschee in Turfan.

In China leben seit dem 7. Jahrhundert Muslime. Die meisten von ihnen gehören ethnischen Minderheiten an, aber es gibt auch viele ethnische Chinesen, die sich zum Islam bekennen. Von der Regierung werden sie jedoch quasi auch als ethnische Minderheit betrachtet. Man nennt sie „Hui-Chinesen“. Sie unterscheiden sich von den sogenannten Han-Chinesen nur durch ihre Religion – Sprache, Kultur und Aussehen sind gleich. Die meisten von ihnen findet man in den Provinzen Gansu, Yunnan und Ningxia sowie in den Großstädten. Die ethnisch-muslimischen Minderheiten leben überwiegend in der geschichtsträchtigen nordwestchinesischen Provinz Xinjiang. Bei ihnen handelt es sich hauptsächlich um Uiguren, Kirgisen, Usbeken und Kasachen. Insgesamt gibt es in der Volksrepublik China etwa 65 Millionen Muslime, was immerhin 5 % der Gesamtbevölkerung ist. Der Islam ist die am stärksten wachsende Religion in China.

Die etwa 220 Jahre alte Sugongta-Moschee – oft auch Sugongta-Pagode genannt – liegt etwa 4 km südöstlich der Stadt Turfan. Sie ist die am besten erhaltene Moschee ihrer Art in der Provinz Xinjiang. Besonders bemerkenswert und weithin sichtbar ist ihr ockerfarbenes Minarett, das keinerlei Ähnlichkeit mit den üblichen schlanken, spitzen Minaretten hat, sondern kegelförmig ist. Die Moschee wurde von der Regierung der Qing-Dynastie zu Ehren Emins, eines uigurischen Anführers, in Auftrag gegeben, der sich um die Wahrung der Einheit Chinas verdient gemacht hatte. Das Minarett wird deshalb oft auch als Emin-Turm oder Emin-Minarett bezeichnet. Es ist 37 m hoch und hat am Sockel einen Durchmesser von 10 m. Die Fassade ist mit uigurischen Mustern verziert. In verschiedenen Höhen wurden insgesamt 14 Fenster eingebaut, die in unterschiedliche Richtungen weisen. Eine ebenfalls aus Lehmziegeln bestehende Wendeltreppe mit 72 Stufen, die gleichzeitig als Stütze der Konstruktion dient, führt zur Spitze des Minaretts. Von dort aus hat man einen herrlichen Blick in die Umgebung und auf die Stadt Turfan.

Die Moschee selbst bietet Platz für 1.000 Gläubige. Sie wurde aus unglasierten, ockerfarbenen Lehmziegeln gebaut und passt sich dementsprechend harmonisch in die umliegende Wüstenlandschaft ein. Der Komplex wurde nicht – wie traditionell bei islamischen Bauwerken üblich – streng symmetrisch angelegt, sondern ist stilistisch einzigartig.

ECKDATEN

Bauzeit: ca. 1778
Stil: regionaler Baustil mit kegelförmigem Minarett
Bauherr: Regierung der Qing-Dynastie
Interessant: Das Minarett ist kegelförmig und besteht komplett aus unglasierten Lehmziegeln.

MOSCHEE HASSAN II.
Casablanca

Casablanca ist mit knapp drei Millionen Einwohnern die größte Stadt Marokkos und liegt direkt an der Atlantikküste. Schon im 8. Jahrhundert bestand auf dem Gebiet des heutigen Casablancas die Siedlung Anfa, die lange Zeit eine der Hauptstädte des Berberreiches Berghouta war. In den folgenden Jahrhunderten entwickelte sich die Hafenstadt zu einem wichtigen Umschlagplatz für Waren aller Art. Vor allem wurde sie aber zu einem gefürchteten Piratenstützpunkt. 1575 besetzten die Portugiesen Anfa und gaben ihr den Namen „Casa Branca" (portugiesisch: weißes Haus). 1755 verwüstete ein schweres Erdbeben die Stadt völlig. Der Alawiten-Sultan Mohammed Ben Abdallah ließ sie wenig später unter dem gleichen Namen – auf Arabisch hieß sie Ad-Dar-el-Bareida – wieder aufbauen. Spanische Händler, die sich Mitte des 19. Jahrhunderts in der Stadt niederließen, gaben ihr schließlich den heutigen Namen: Casablanca.

Im Zweiten Weltkrieg war Casablanca ein äußerst wichtiger Militärhafen für die Streitkräfte der Alliierten. Ein geheimes Treffen zwischen dem britischen Premierminister Winston Churchill und dem amerikanischen Präsidenten Theodore Roosevelt im Jahr 1943, welches zum ersten Mal die bedingungslose Kapitulation Deutschlands als Kriegsziel definierte, unterstrich die strategische Bedeutung der Hafenstadt. Nach dem Zweiten Weltkrieg profitierte Casablanca vom wirtschaftlichen Aufschwung Nordafrikas. Heute sind gut 80 % der gesamten marokkanischen Industrie hier angesiedelt, und 60 % des Seehandels werden über Casablancas Hafen abgewickelt.

Ein Boden aus Glas

Die Moschee Hassan II. in Casablanca gilt – nach der Heiligen Moschee in Mekka – als zweitgrößte Moschee der Welt. Die Bauarbeiten begannen am 12. Juli 1986, und die Moschee sollte anlässlich des 60. Geburtstags des damaligen marokkanischen Königs Hassan II. am 9. Juli 1989 fertig gestellt sein. Die Arbeiten zogen sich jedoch über acht Jahre hin, sodass die Moschee erst am 30. August 1993 eingeweiht werden konnte. An den Bauarbeiten waren insgesamt 13.000 Arbeiter und Handwerker beteiligt. Allein die Gebetshalle im Erdgeschoss ist 20.000 m^2 groß, 65 m hoch und bietet 25.000 Gläubigen gleichzeitig Platz. Im Außenbereich können weitere 80.000 Menschen untergebracht werden. Im Keller befinden sich die Waschräume sowie ein öffentlicher Hamam, der einen separaten Eingang hat. Die Moschee steht auf einer Landzunge am Atlantik – etwa die Hälfte der Moscheenfläche befindet sich direkt über dem Wasser! Ein Teil des Bodens besteht aus Glas, sodass die Gläubigen direkt über dem Meer knien können.

Obwohl die Moschee vom französischen Architekten Michel Pinseau gebaut wurde, ist sie vom Stil her durch und durch marokkanisch mit starken maurischen Einflüssen. Alle Arbeitsmaterialien und Baustoffe (Granit, Marmor, Mörtel und Holz) mit Ausnahme der weißen Granitsäulen und der Kronleuchter stammten aus Marokko. Vieles an der Moschee ist aber auch höchst modern. So ist sie z. B. erdbebensicher gebaut, hat eine Fußbodenheizung, elektrische Türen und ein Dach, das automatisch geöffnet und geschlossen werden kann. Die Moschee hat nur ein einziges Minarett – dieses ist mit 210 m Höhe jedoch das zur Zeit höchste Minarett der Welt. Es ist Tag und Nacht über Kilometer hinweg sichtbar. Als Besonderheit wurden auf dem Dach des Minaretts zudem Laserstrahler angebracht, die den Gläubigen nachts den Weg nach Mekka weisen.

Die Meinungen über die Moschee sind in Casablanca und ganz Marokko sehr geteilt. Einerseits sind da die extrem hohen Baukosten: Es wird geschätzt, dass die Moschee 500–800 Millionen $ gekostet hat – das ist sehr viel Geld für ein Land wie Marokko. Außerdem musste für den Bau ein großer Teil eines Armenviertels abgerissen werden, dessen Bewohner niemals eine Entschädigung erhalten haben. Andererseits sind die Marokkaner natürlich auch stolz auf das wunderbare Monument.

Die Moschee Hassan II. ist die einzige marokkanische Moschee, die von nicht-muslimischen Touristen besucht werden darf.

Bild auf Seite 110: Das Minarett der Moschee Hassan II. ist das höchste der Welt.
Bild oben: Die Moschee ist im Inneren schön beleuchtet.
Bild gegenüber: Brunnen im Innenhof der Moschee.
Bild auf Seiten 114/115: Der gewaltige Innenhof der Moschee Hassan II.

ECKDATEN

Bauzeit: 1986–1993
Stil: marokkanisch mit maurischen Einflüssen
Architekt: Michel Pinseau
Interessant: Das Minarett der Moschee Hassan II. ist das höchste der Welt.

KUTUBIJA-MOSCHEE
Marrakesch

Die marokkanische Stadt Marrakesch – auch „Perle des Südens" genannt – ist eine pulsierende orientalische Metropole, die im Südwesten des Landes zu Füßen des Hohen Atlasgebirges liegt. Marrakesch gehört wie Rabat, Meknes und Fès zu den alten Königsstädten. Der Name der Stadt stand Pate für den Landesnamen Marokko, der daraus abgeleitet wurde. Die Stadt wurde im Jahr 1062 vom Almoraviden-Herrscher Jusuf ibn Taschfin gegründet. Die Almoraviden waren eine Berberdynastie, deren Heer in späteren Jahren Andalusien eroberte. Jusufs Sohn Ali ibn Jusuf baute Marrakesch weiter aus und ließ die 12 km lange Stadtmauer um die Altstadt errichten, die auch heute noch steht. Sie wird von Zypressen, Dattelpalmen und Kiefern überragt und von 202 Basteien verstärkt. Insgesamt gibt es elf Tore in der Mauer, von denen das Bab Agnau sicher das schönste ist. Da Marrakesch neben der Kutubija-Moschee noch viele weitere, architektonisch bemerkenswerte Gebäude aufzuweisen hat, wurde die ganze Altstadt von der UNESCO zum Weltkulturerbe erklärt.

Marrakesch ist heute vor allem eine Stadt des Handels und des Handwerks. In der Altstadt arbeiten 30.000 Kunsthandwerker in ihren kleinen Ladenwerkstätten.

Almohadische Baukunst

ECKDATEN

Bauzeit: zwischen 1147 und 1198
Stil: almohadisch
Architekt: Abd al-Mumin
Interessant: Das Minarett der Kutubija-Moschee diente als Vorbild für den Turm der Giralda in Sevilla.

Bild auf Seite 116: Seitenansicht der Kutubija-Moschee in Marrakesch.
Bild unten links: Der Park vor der Moschee.
Bild unten rechts: Eine Detailaufnahme der unglaublich filigranen Schnitzarbeiten am Minbar der Moschee.

Die erste Kutubija-Moschee wurde 1147 vom Almohaden-Herrscher Abd al-Mumin erbaut. Zur Feier seines Sieges über die Almoraviden ließ er in der Hauptstadt seiner besiegten Feinde eine majestätische Moschee errichten. Sie war 90 m lang, 60 m breit und bestand aus 17 Schiffen, die im rechten Winkel zur Kiblawand verliefen. Die Moschee war allerdings nicht ganz genau auf Mekka ausgerichtet, und vermutlich wurde sie aus genau diesem Grund von den strenggläubigen Almohaden wieder niedergerissen. Wahrscheinlich waren sie nicht in der Lage, die notwendigen baulichen Veränderungen vorzunehmen, um die Ausrichtung zu korrigieren. Ihren Namen erhielt die Moschee von dem früher ganz in der Nähe angesiedelten Souk der Buchhändler, denn al-Kutubijin bedeutet auf Arabisch in etwa „Bibliothekar" oder „Buchhändler".

Einige Jahre später, nämlich 1158, wurde eine zweite Kutubija-Moschee gebaut, genau neben den Überresten der ersten – und bei dieser Moschee stimmte die Ausrichtung. Ansonsten wurde der gleiche rechteckige Grundriss übernommen und kurzerhand ein Minarett hinzugefügt. Das quadratische Minarett hat eine 12,5 m breite Basis und ist 77 m hoch. Vollendet wurde es erst 1195, von Abd al-Mumins Enkelsohn Yakub al-Mansur. Das Innere des Minaretts besteht aus sechs Stockwerken, um die außen eine Wendeltreppe herumführt, über die der Muezzin nach oben

gelangt. In den Wänden sind in den meisten Stockwerken Fensterpaare eingelassen, die von Blindbögen eingerahmt werden. Die Dekoration der Fassade des Minaretts sieht auf jeder Seite anders aus. Das Minarett der Kutubija-Moschee ist sicherlich das schönste Beispiel für die almohadische Baukunst. Es diente zudem als Vorbild für die Giralda in Sevilla und für den Hassan-Turm in Rabat.

Im Inneren der Moschee ließ Abd al-Mumin den Mihrab in einer Maksura – einem abgeteilten Raum für den Imam – abschirmen. Der Minbar stammt aus Andalusien, bestand aus rotem und gelbem Sandelholz und war mit Gold- und Silberornamenten verziert. Anhand einer Inschrift kann man erkennen, dass er in Córdoba gebaut wurde. Kunstobjekte wie dieser Minbar sind ein deutlicher Beweis für den kulturellen Austausch zwischen Spanien und Nordafrika. An die Südseite der Gebetshalle schließt sich der Innenhof an, der von Arkadengängen umgeben ist. In der nordwestlichen Ecke des Innenhofs findet man das berühmte Minarett.

Erstaunlich ist, dass sich an der gesamten Moschee kein einziger Hinweis auf ihren Erbauer Abd al-Mumin erkennen lässt, obwohl es im Mittelalter durchaus üblich war, sich durch Inschriften oder Ähnliches in oder an der Moschee unsterblich zu machen. Es spricht wohl für die große Frömmigkeit dieses Almohaden-Herrschers, dass er eine derartige Moschee bauen ließ, ohne sich selbst dabei hervorzutun. Gäbe es nicht so gute Aufzeichnungen über die Geschichte der Moschee, wäre er vermutlich sogar anonym geblieben.

Die Kutubija-Moschee ist damals wie heute das Wahrzeichen Marrakeschs, darf aber leider von Nicht-Muslimen nicht besichtigt werden.

Blick auf das gewaltige Minarett der Kutubija-Moschee.

ABU-EL-ABBAS-MOSCHEE
Alexandria

Die Hafenstadt Alexandria an der Mittelmeerküste ist nach Kairo die zweitgrößte Stadt Ägyptens. Nach neuesten archäologischen Erkenntnissen gab es 2700–2200 v. Chr. bereits erste Ansiedlungen in der Gegend. Die eigentliche Stadt wurde jedoch erst im Jahr 331 v. Chr. vom mazedonischen Feldherrn und Eroberer Alexander dem Großen gegründet, der sie nach sich selbst benannte. 30 v. Chr. wurde Alexandria dem Römischen Reich einverleibt, verlor aber nicht an Bedeutung. Bis in die Spätantike hinein blieb die Stadt ein wichtiges kulturelles Zentrum und war durch und durch christlich geprägt. Im Jahr 619 wurde Ägypten jedoch von den Sassaniden erobert, und 692 fiel auch Alexandria endgültig in die Hände der Araber. Durch das Mittelalter hindurch und bis in die Neuzeit hinein blieb die Stadt ein wichtiger Hafen, und auch heute noch werden zwei Drittel des ägyptischen Exports über Alexandria abgewickelt.

Die Abu-el-Abbas-Moschee begann ihre Existenz als Schrein für den andalusischen Gelehrten Sufi Abu el-Abbas el-Mursi aus dem 13. Jahrhundert. Er verließ Spanien im Jahr 640 und kam mit seiner Familie nach Alexandria, wo er 43 Jahre lebte und als muslimischer Lehrer arbeitete, bis er 686 starb. Er wurde in einem kleinen Gebäude in der Nähe des Osthafens von Alexandria beerdigt. Im Jahr 1307 besuchte einer der wohlhabendsten Händler Alexandrias, Scheich Zein el-Din Ibn el-Kattan, die Grabstätte. Da er den Gelehrten sehr verehrte, ordnete er an, ein Mausoleum mit einer Kuppel für ihn bauen zu lassen. Daneben ließ er eine Moschee mit einem quadratischen Minarett bauen und finanzierte der kleinen Moschee auch noch den Imam. Das Grabmal wurde rechts des Eingangs unter der Kuppel platziert. Schon bald wurde die Moschee zu einer Pilgerstätte für Muslime, die auf ihrem Weg nach Mekka in Ägypten Station machten.

Da sich im Lauf der Zeit niemand mehr so richtig um die kleine Moschee kümmerte, verfiel sie jedoch immer weiter und wurde zweimal in ihrer Geschichte, nämlich 1477 und 1596, komplett restauriert. 1775 wurde an ihrer Stelle eine neue, große Moschee gebaut, und zwar von Scheich Abu el-Hassan el-Maghreby. Bereits 1863 war die Moschee aber wiederum so verfallen, dass sich ein berühmter alexandrinischer Baumeister der Sache annahm und die Moschee erneut restaurierte. Anschließend ließ er die Wohnhäuser, die rund um die Moschee entstanden waren, abreißen, um den Eindruck von Weite und Raum zu schaffen. Die letzte Restaurierung der Moschee wurde unter der Regie des Wakf vorangetrieben und 1943 beendet.

ECKDATEN

Bauzeit: 1775
Stil: neo-islamisch mit andalusischem Einfluss
Bauherr: Scheich Abu el-Hassan el-Maghreby
Interessant: Die Moschee darf von Frauen nicht betreten werden. Für sie gibt es separate Räumlichkeiten.

Die Wände der heutigen Moschee sind 23 m hoch und mit Stein verkleidet. Es gibt nur ein Minarett, das 73 m hoch ist und aus vier Abschnitten besteht. Der erste, quadratische Abschnitt ist 15 m hoch. Der zweite, 4 m hohe Abschnitt ist achteckig, der dritte Abschnitt, der wieder 15 m hoch ist, hat 16 Ecken, und der letzte Teil schließlich ist rund. Oben auf der Spitze sitzt ein islamischer Halbmond. Die gesamte Moschee umfasst eine Fläche von 3.000 m². Ihr Innenraum ist achteckig, jede der acht Seiten ist 22 m lang. Ihre Decke wird von 16 achteckigen Säulen aus italienischem Marmor gestützt. In der Mitte der Decke befindet sich ein achteckiges Oberlicht, und an jeder Seite gibt es drei Buntglasfenster. Das Oberlicht wird von vier Kuppeln eingerahmt. Der Minbar, die Türen und die Fensterrahmen der Moschee bestehen aus prächtig bearbeitetem Teak- und Walnussholz. Der Minbar ist 6,4 m hoch und wird von einer kleinen Kuppel überdacht. Der Mihrab in der Kiblawand steht am Fuß des Minaretts und wird von zwei Säulen aus ägyptischem Granit flankiert.

Frauen dürfen den Hauptteil der Moschee nicht betreten. Für sie gibt es ein separates Hinterzimmer mit einem eigenen Eingang.

Bild Seite 120: Der Innenhof der Abu-el-Abbas-Moschee.

IBN-TULUN-MOSCHEE
Kairo

Ahmad ibn-Tulun war der Begründer der türkischen Tuluniden-Dynastie in Ägypten, die er 868–884 regierte. Sein Vater Tulun, ein türkischer Sklave, wurde vom Gouverneur von Buchara als Tribut an den Hof des Abbasiden-Kalifen al-Mamun in Samarra geschickt. Dort erhielt er eine militärische Ausbildung und machte sich einen Namen, sodass er bald in die private Garde des Kalifen aufstieg. Auch ibn-Tulun selbst erhielt dort seine Ausbildung und wurde 855 zum Kommandeur einer Spezialeinheit des Kalifen al-Mutawakkil ernannt. Nachdem er in einigen Militärkampagnen gegen das Byzantinische Reich gedient und sich dabei den Respekt des Kalifen verdient hatte, kehrte ibn-Tulun 863 zurück und erhielt als Anerkennung vom Kalifen al-Mustain eine Konkubine, Meyyaz. Sie gebar ihm einen Sohn, Chumarawaih, der ihm später als Herrscher Ägyptens folgen sollte. 868 ging ibn-Tulun als Regent des Gouverneurs Bayik Bey nach Ägypten. Dort angekommen, stellte er fest, dass die aktuelle Hauptstadt Fustat (das heutige Kairo) zu klein war, um seine Armee unterzubringen. Deshalb gründete er eine neue Stadt, al-Katai, in der er neben einem großen Platz, einem Hippodrom und einem Gouverneurspalast auch eine große Moschee bauen ließ, die seinen Namen erhielt: die Ibn-Tulun-Moschee. Bald darauf verweigerte ibn-Tulun die alljährliche Steuerzahlung an den Abbasiden-Hof und rief sich so quasi zum unabhängigen Herrscher über Ägypten aus. Seine Dynastie beherrschte das Land gut 135 Jahre lang, bis ins Jahr 905. Als die Abbasiden 905 die Macht zurückgewannen, wurde al-Katai dem Boden gleich gemacht, nur die Moschee blieb erhalten.

Einem Traum entsprungen

Ibn-Tulun konnte seine Moschee direkt von seinem Palast aus betreten, durch eine Tür rechts des Minbars. Im 12. Jahrhundert wurde sie schwer beschädigt, aber bereits 1296 wieder restauriert. Die Ibn-Tulun-Moschee hat große Ähnlichkeit mit den Moscheen aus ibn-Tuluns Heimatstadt Samarra. Sie besteht ganz aus roten Ziegeln und wurde mit weißem Putz verkleidet. Die Wände wurden mit kunstvoll gearbeiteten Gipsborten verziert, und um die Arkadengänge ziehen sich Friese mit einer Vielfalt von Motiven. Die hölzernen Türstürze und Türen wurden im typischen Samarrastil gearbeitet. Das Innere der Moschee ist mit schmalen Holzfriesen dekoriert, in die in kufischer Schrift der komplette Koran eingeschnitzt worden sein soll.

Der gesamte Moscheenkomplex ist außen auf drei Seiten von einem Hof (Ziyada) umgeben, der vor allem für Moscheen aus der frühen Zeit des Islams typisch war. Jede Seite des Hofs ist 162 m lang. Dieser Außenhof diente dazu, die Moschee von dem geschäftigen Treiben in der Stadt abzuschirmen. Früher gab es dort vermutlich Latrinen und Waschräume.

Bild auf Seite 122: Der Innenhof der Ibn-Tulun-Moschee in Kairo.
Bild oben: Kunstvoll gearbeitete Stuckelemente an der Fassade.
Bilder auf der nächsten Seite: Arkadengang (oben) und Brunnenhaus (unten).

Der Innenhof der Moschee ist auf jeder Seite 92 m lang und wird von rechteckigen Pfeilern eingerahmt, welche Säulengänge stützen. Die Säulengänge tragen wiederum ein flaches Holzdach. An der Seite der Kibla bilden die Säulengänge fünf Reihen, an den anderen drei Seiten jeweils zwei Reihen. Gegenüber des Mihrabs steht ein spiralförmiges Minarett aus Kalkstein, das wahrscheinlich im 13. Jahrhundert gebaut wurde und das ursprüngliche Minarett ersetzte, was aber vermutlich recht ähnlich ausgesehen hat. In der Mitte des Innenhofs steht ein Pavillon mit einem Brunnen, der ebenfalls aus dem 13. Jahrhundert stammt und das ursprünglich zweistöckige Bauwerk, das zuvor an diesem Platz gestanden hatte, ersetzt. Von diesem aus wurden früher die Gläubigen zum Gebet gerufen.

ECKDATEN

Bauzeit: 876–879
Stil: tulunidisch mit eindeutig abbasidischen Elementen
Bauherr: Ahmad ibn-Tulun
Interessant: Die Moschee hat ein seltenes, spiralförmiges Minarett.

Die Ibn-Tulun-Moschee wird heute oft als ägyptischer Abklatsch des Abbasidenstils, wie man ihn in Samarra findet, angesehen. Zum Glück gibt es jedoch genug historische Quellen, anhand derer man beweisen kann, dass das nicht der Fall ist. So berichtete z. B. der arabische Historiker und Geograph Ahmad ibn-Abi Yakub, dass die Form der Moschee einem Traum ibn-Tuluns entsprungen sei.

MOHAMMED-ALI-MOSCHEE
Kairo

Die Zitadelle von Kairo ist eine der größten Touristenattraktionen der Stadt. Sie beherbergt eine ganze Reihe von Museen sowie zwei Moscheen und ist eines der größten Monumente mittelalterlicher Kriegsführung. Ursprünglich stand an dem Ort nur ein Pavillon, die „Kuppel des Windes", der im Jahr 810 von Gouverneur Hatim ibn-Hartama gebaut wurde. Da ihm die strategische Bedeutung dieses Ortes zunächst noch nicht bewusst war, genoss der Gouverneur von seinem Pavillon aus einfach die kühle Brise und den herrlichen Blick über Kairo.

Die Bedeutung des Platzes änderte sich erst mit der Ankunft Saladdins, der die ganze Gegend 1176–1183 ausbaute, um die Stadt besser gegen Angriffe der Kreuzfahrer zu schützen. Seit dieser Zeit war die Zitadelle immer ein Militärstützpunkt. Der Legende nach hatte Saladdin den Platz aufgrund seiner guten Luft ausgewählt. Er hing in ganz Kairo Fleischbrocken auf, die alle innerhalb eines Tages verdarben – mit Ausnahme des Fleischbrockens an der Zitadelle. Tatsächlich war sich Saladdin aber wohl eher des strategischen Vorteils bewusst – schließlich stammte er aus Syrien, wo es in jedem Ort eine Art Festung zum Schutz des Herrschers gab. Es ist sehr wahrscheinlich, dass er diesen Brauch für Kairo einfach übernommen hat.

Zum Bau der Zitadelle wandte Saladdin für die damalige Zeit hochmoderne Bautechniken an. Er ließ in den Mauern mächtige, runde Türme errichten, von denen aus die Verteidiger das Feuer auf Angreifer richten konnten, die womöglich versuchten, die Mauern zu erklimmen. Die eigentlichen Mauern der Zitadelle waren 10 m hoch und 3 m dick. Um die gesamte Anlage immer mit frischem Trinkwasser zu versorgen, wurde ein 87 m tiefer Brunnen durch den Felsen gegraben. Dieser bemerkenswerte Brunnen war sogar so breit, dass in seinem Inneren eine Rampe nach unten verlief. Auf dieser konnten Tiere hinabgeführt werden, welche die Maschinen antrieben, die das Wasser nach oben pumpten.

In der Zitadelle

Bild auf Seite 126: Die Mohammed-Ali-Moschee in der Altstadt Kairos.
Bild oben: Seitenansicht der beiden Minbars der Moschee.

ECKDATEN

Bauzeit: 1830–1848
Stil: osmanischer Barock
Architekt: Yusuf Bushnak
Interessant: Der Dekorationsstil der Moschee weicht von allen muslimischen Traditionen ab.

Der eigentliche Ausbau der Zitadelle begann aber erst nach Saladdins Tod. Jeder weitere Eroberer Kairos nahm seine eigenen An-, Aus- und Umbauten vor, bei denen viele der vorhergehenden Einrichtungen zerstört wurden. So vergrößerte Saladdins Neffe al-Kamil z. B. mehrere der Wehrtürme um das Dreifache. Der Großteil dessen, was man heute noch in der Zitadelle sehen kann, stammt jedoch aus der Zeit der osmanischen Herrschaft zwischen 1517 und dem frühen 20. Jahrhundert. Die Osmanen erneuerten die Mauer, die den Nord- und den Südteil der Anlage voneinander trennt, und bauten den größten Turm, der heute noch in der Zitadelle steht: den Burg al-Mukattam, der sich hoch über dem Eingang zur Zitadelle erhebt. Der Turm ist 25 m hoch und hat einen Durchmesser von 24 m.

Im Jahr 1805 kam der Osmane Mohammed Ali Pascha, einer der berühmtesten Baumeister des modernen Ägyptens, an die Macht. Er ließ viele bedeutende Umbauten und Erweiterungen in der Zitadelle vornehmen. Den nördlichen Teil der Anlage machte er zu seinen Privatquartieren, der südliche Teil stand der Öffentlichkeit zur Verfügung. Seine Mohammed-Ali-Moschee beherrscht heute den Südteil. Südlich der Moschee wurde 1811–1814 der Gawhara-Palast gebaut, der bis 1872 Sitz der ägyptischen Regierung war.

Die Mohammed-Ali-Moschee – oder „Alabastermoschee“, wie sie häufig genannt wird – ist weder die schönste noch die älteste Moschee Kairos, aber aufgrund ihrer Lage in der Zitadelle ist sie sicher die berühmteste und am häufigsten fotografierte.

Eine Seitenansicht der gewaltigen Mohammed-Ali-Moschee.

Die Moschee, die zwischen 1830 und 1848 gebaut wurde, wirkt von Weitem viel beeindruckender als aus der Nähe. Mit ihren Kuppeln in unterschiedlichen Höhen sowie den beiden Minaretten verleiht sie der Zitadelle ein eindeutig orientalisches Flair, das über manch fehlendes Detail hinwegtrösten mag. Ohne Zweifel ist die Mohammed-Ali-Moschee der Blickfang des gesamten Komplexes. Um Platz für seine Moschee zu schaffen, ließ Mohammed Ali Pascha einige bereits vorhandene Gebäude abreißen. Dazu gehörten vor allem die Mamelucken-Paläste, denn so wie Saladdin einige Jahrhunderte zuvor alle Spuren der Fatimiden vernichtet hatte, so befreite sich Mohammed Ali nun auch vom ungeliebten Erbe der Mamelucken, die Ägypten seit dem 13. Jahrhundert regiert hatten. Ursprünglich sollte die Moschee vom französischen Architekten Pascal Coste gebaut werden, der vermutlich auf den traditionell mameluckischen Baustil zurückgegriffen hätte. In letzter Minute änderte Mohammed Ali aus Gründen, die wohl nur ihm bekannt waren, seine Meinung und engagierte den Griechen Yusuf Bushnak, der ihm eine Moschee im Stil der Blauen Moschee in Istanbul entwerfen sollte.

Das Innere der Moschee ist ein Quadrat, dessen Seiten jeweils 41 m lang sind. Überdacht wird das Ganze von der Hauptkuppel, die von vier Pfeilern getragen und von vier Halbkuppeln flankiert wird. An jeder der vier Ecken befindet sich eine weitere kleinere Kuppel. Die Hauptkuppel ist 52 m hoch und hat einen Durchmesser von 21 m. In der Mitte der Gebetshalle, genau unterhalb der Hauptkuppel, hängt ein Kreis aus kleinen Lampen, die den Raum in ein magisches Licht tauchen.

Die Mohammed-Ali-Moschee hat zwei Kanzeln. Die größere und ältere besteht aus Holz und ist mit vergoldeten Ornamenten verziert. Sie soll der größte Minbar in ganz Ägypten sein. Der kleinere Minbar stammt aus dem Jahr 1939, besteht ganz aus Alabaster und ist ein Geschenk des Königs Faruk I. Er steht direkt neben dem Mihrab, der aus ägyptischem Marmor gebaut wurde. In der Südwestecke der Gebetshalle, in einer mit Bronzeornamenten dekorierten Nische, steht das Ehrengrabmal des Mohammed Ali Pascha, der ursprünglich jedoch nicht hier, sondern in Housh el Basha begraben war. Sein Körper wurde später von einem seiner Nachfolger, König Abbas I., in die Moschee umgebettet. Das Grabmal besteht ganz aus weißem Marmor.

Insgesamt hat die Moschee drei Eingänge: einen in der Nord-, einen in der Süd- und einen in der Westfassade. Letzterer führt hinaus in den riesigen Hof, der von Arkadengängen eingerahmt wird, die mit kleinen Kuppeln bedeckt sind. Der Hof an sich ist 54 x 53 m groß. In seiner Mitte steht ein Marmorbrunnen mit einem geschnitzten Holzdach. An der Westseite des Hofs steht ein Uhrturm aus Eisen, der ein Geschenk des französischen Königs Louis Philippe war – als Dank für den ägyptischen Obelisken, der heute auf dem Place de la Concorde in Paris steht. Im oberen Stockwerk des Turms befindet sich ein Teesalon. Sein Baustil ist eine Mischung aus orientalischen und neugotischen Elementen. Die Turmuhr hat übrigens zu keinem Zeitpunkt funktioniert.

Der gesamte Baustil der Mohammed-Ali-Moschee ist zwar eindeutig osmanisch, ihr Dekorationsstil weicht jedoch völlig von allen muslimischen Traditionen ab. Man findet weder geometrische Ornamente noch die üblichen arabischen, eher floralen Muster. Die Wände und Pfeiler der Moschee sind mit Alabasterplatten getäfelt, einem Material, das für derartige Bauten völlig ungeeignet ist, da es schnell verfällt. Wenn der Stein nicht ständig mit großem Aufwand gesäubert wird, sieht die Moschee schnell schmutzig aus. In der Mitte der 1980er-Jahre wurde die gesamte Zitadelle inklusive der Moschee komplett renoviert.

Bild oben: Innenhof mit Säulengang. Bild auf der nächsten Seite: Der neuere Minbar aus Marmor.

Im Gegensatz zu ihrem großen Vorbild, der Sultan-Ahmet-Moschee in Istanbul, hat die Mohammed-Ali-Moschee nur zwei Minarette. Sie sind jeweils 82 m hoch und stehen auf nur 3 m breiten Fundamenten.

GROSSE MOSCHEE VON DJENNÉ

Djenné

Die Stadt Djenné liegt in der Region Mopti in der westafrikanischen Republik Mali. Mali grenzt an Algerien, Mauretanien, Senegal, Niger, Burkina Faso sowie an die Elfenbeinküste und liegt somit in der Sahelzone. Das Land besteht beinahe zu zwei Dritteln aus Wüste. Das ehemalige Französisch-Sudan gilt heute als eines der wenigen gelungenen Beispiele für die erfolgreiche Demokratisierung eines afrikanischen Landes – trotzdem ist und bleibt Mali eines der ärmsten und am wenigsten entwickelten Länder der Welt. Noch heute muss weit mehr als die Hälfte der Bevölkerung mit weniger als 1 $ pro Tag auskommen. Über 80 % der Malier sind Analphabeten, und die Lebenserwartung ist niedrig. Mit dem Islam kamen die Einwohner Malis durch den wirschaftlichen Kontakt mit nordafrikanischen Muslimen schon früh in Berührung. Heute hängen gut 90 % der Bewohner, die sich aus etwa 30 ethnischen Gruppen zusammensetzen, selbst dem Islam an.

Der wirtschaftliche Erfolg der Handelsstädte Malis basierte in erster Linie auf Gold, und zwar nicht auf dem Edelmetall an sich, sondern auf den Steuern, die auf seinen Transport nach Nordafrika und in den Nahen Osten erhoben wurden. Eine weitere wichtige Einnahmequelle des Landes waren die Steuern auf die Salztransporte, die aus den Oasen der Sahara nach Westafrika zogen. 1895–1958 gehörte Mali als Kolonie Französisch-Sudan zu Französisch-Westafrika, der Förderation französischer Besitzungen in Westafrika. 1960 erlangte es seine Unabhängigkeit.

Ein Meisterwerk aus Lehm

Djenné, das im Jahr 800 gegründet wurde, erlangte Berühmtheit aufgrund seiner vielen traditionellen Lehmbauten, von denen heute in der Altstadt noch etwa 2.000 stehen – inklusive der Großen Moschee. Aufgrund dieser Einzigartigkeit wurde die Altstadt von Djenné 1987 von der UNESCO zum Weltkulturerbe erklärt.

Die Große Moschee von Djenné steht direkt am Marktplatz, auf dem heute noch an jedem Montag ein großer traditioneller Markt stattfindet. Sie ist einer der größten Lehmbauten der Welt. (Der weltgrößte Lehmbau war die Zitadelle der iranischen Stadt Bam, die jedoch bei dem schrecklichen Erdbeben im Jahr 2003 nahezu vollständig zerstört wurde.)

Die erste Große Moschee von Djenné wurde im 12. Jahrhundert von Djennés erstem muslimischen Herrscher, Koi Konboro, errichtet. Der Häuptling war kurz zuvor zum Islam übergetreten und ließ zur Würdigung seiner neuen Religion kurzerhand seinen Palast abreißen und an dessen Stelle eine Moschee errichten. Knapp sieben Jahrhunderte lang beherrschte die Moschee, die damals schon annähernd die Ausmaße der heutigen Moschee hatte, das Stadtbild Djennés. Im Mittelalter war sie ein wichtiges islamisches Zentrum, in dem im Lauf der Jahre viele tausend Studenten den Koran studierten. 1834 wurde sie von den Truppen Seku Amadus, des Gründers des Massina-Reiches, niedergerissen, weil ihm die Moschee in ihrer Üppigkeit und Pracht ein Dorn im Auge war. Der als Imam ausgebildete Amadu hatte seit Jahren gegen die Korruption, die seiner Meinung nach in den Rängen der muslimischen Elite in Timbuktu und Djenné herrschte, gepredigt. Inspiriert von einem Aufstand im Nachbarland führte er einen Dschihad (Glaubenskrieg) gegen das herrschende Bambara-Reich, das 1819 endgültig geschlagen war. Amadu brachte Djenné und einen Großteil des Nigerdeltas unter seine Herrschaft und gründete nördlich von Djenné seine neue Hauptstadt Hamdullahi. Auf dem Höhepunkt seiner Macht befehligte er etwa 10.000 Soldaten und ließ 600 Medresen bauen, um die Verbreitung des Islams voranzutreiben.

Die neue Moschee wurde 1906–1909 auf den Ruinen der alten Moschee aus dem 12. Jahrhundert gebaut und umfasst eine Fläche von 40 x 40 m. Der Bau wurde von

Bild auf Seite 132: Kiblawand mit den drei Minaretten der Großen Moschee von Djenné.
Bild oben: Detailansicht der Fassade mit herausragenden Palmzweigen.

ECKDATEN

Bauzeit: ca. 1906–1909
Stil: sudanesisch-sahelisch
Bauherr: Ismail Traoré
Interessant: Die Moschee ist einer der größten Lehmbauten der Welt.

Ismail Traoré, dem Vorsitzenden der örtlichen Maurergilde, überwacht. Die Wände der Moschee bestehen aus sonnengetrockneten Lehmziegeln und wurden außen dick mit Lehm verputzt. Auf diese Weise entstand die glatte Fassade. Gebäude, die in dieser traditionellen Bauweise errichtet werden, haben den Vorteil, im Sommer bei großer Hitze innen angenehm kühl zu bleiben. In die Mauern, die je nach Höhe zwischen 40 und 61 cm dick sind, wurden Palmzweige eingemauert, die aus den Wänden herausragen. Einerseits dienen sie dazu, Risse durch die großen Schwankungen der Temperatur und Luftfeuchtigkeit zu vermeiden, andererseits fungieren sie bei notwendigen Reparaturen auch gleich als Gerüst.

Bild oben: Wochenmarkt auf dem Marktplatz vor der Großen Moschee. Bild auf den nächsten Seiten: Außenmauer um die Moschee.

Die Kiblawand ist ostwärts auf Mekka ausgerichtet. Vor ihr liegt der große Markplatz der Stadt. In der Kiblawand befinden sich drei Minarette, in deren Innerem jeweils eine Wendetreppe hoch zum Dach führt. Auf den Dächern der Minarette stehen konische Spitzen, die jeweils von einem Straußenei „gekrönt" werden. Die Moschee besteht aus einer inneren und einer äußeren, offenen Gebetshalle. In der inneren Gebetshalle wird das Dach durch 90 Holzsäulen abgestützt. Im Dach befinden sich Lüftungsschlitze, die mit Keramikziegeln verschlossen sind. Diese können bei Bedarf entfernt werden. Die äußere Gebetshalle, die hinter dem überdachten Moscheenteil liegt, ist im Norden, Süden und Westen von Mauern mit Arkadengängen umgeben.

In der alljährlichen Regenzeit wird die Moschee oft beschädigt, da ihre Lehmbauweise den Wassermassen nur schwer widerstehen kann. Die Einwohner Djennés nehmen dies als Anlass für ein großes Fest, bei dem sie nach der Beendigung der Regenperiode gemeinsam die entstandenen Schäden an der Moschee wieder reparieren. Dazu gibt es fröhliche Musik und gutes Essen. Alle Einwohner helfen mit – von den kleinen Kindern, die in der Vorbereitungsphase im Lehm spielen und ihn auf diese Weise gründlich durchmischen, bis zu den ältesten Gemeindemitgliedern, die sich das Geschehen vom Marktplatz aus anschauen und es kommentieren. Das Fest beginnt mit einem Wettrennen. Die Männer, die den vorbereiteten Lehm aus den Gruben zur Moschee tragen, messen sich darin, wer von ihnen der Schnellste ist. Die Arbeiten werden von den Mitgliedern der Maurergilde überwacht.

Bis 1996 durften auch Nicht-Muslime die Moschee besuchen. Dann erhielt ein französisches Modemagazin die Genehmigung, in der Moschee Aufnahmen zu machen. Diese entsprachen jedoch nicht den strengen Regeln und Auflagen. Seitdem ist der Zutritt für Ungläubige leider verboten.

ISLAMIC CENTER
Dearborn, Michigan

Die Geschichte des Islams in den Vereinigten Staaten begann erst im 18. Jahrhundert. Viele Muslime sind Einwanderer der ersten oder zweiten Generation, aber bis zu einem Drittel der amerikanischen Muslime sind Afro-Amerikaner, die zum Islam konvertiert sind. Die meisten amerikanischen Moscheen sind das Ergebnis der Eigeninitiative der örtlichen Gemeinden – von Muslimen, die einen Ort zum gemeinsamen Beten suchten. Sie sind in ihrer Ausrichtung in den meisten Fällen eindeutig sunnitisch oder schiitisch. In Gegenden mit einer großen Zahl Immigranten aus einem bestimmten Gebiet beherrscht diese Gruppe meist das Geschehen. In diesen Fällen wird das Freitagsgebet oft in Urdu oder auch Arabisch gehalten, anstatt – wie sonst oft üblich – auf Englisch. Verwaltet werden die Moscheen häufig von einem Aufsichtsrat oder Komitee, das etwa die Imame engagiert oder entlässt und darüber entscheidet, welche islamische Organisation unterstützt wird. Sehr viele der momentan in den USA tätigen Imame stammen aus dem Ausland, da nur dort eine richtige Ausbildung gewährleistet wird. Dies führt jedoch häufig zu Konflikten mit den einheimischen Muslimen, da die Imame nur in den seltensten Fällen fließend Englisch sprechen und nur wenig Verständnis für die amerikanische Kultur haben.

In der muslimischen Gemeinde in den USA herrschen verschiedene Traditionen vor. Wie überall auf der Welt stellen auch hier die Sunniten die große Mehrheit aller Muslime. Besonders unter den iranischen Immigranten und ihren Nachkömmlingen gibt es aber auch eine große Anzahl an Schiiten, die aktiv am Gemeindeleben teilnehmen.

Es gibt in den USA eine Vielzahl an muslimischen Organisationen. Die größte von ihnen ist die American Society of Muslims (ASM), der Nachfolger der Nation of Islam. Wie viele Mitglieder die ASM genau hat, ist nicht bekannt. Die überwältigende Mehrheit von ihnen sind jedoch Afro-Amerikaner. Die zweitgrößte Gruppe ist die Islamic Society of North America (ISNA), die zum größten Teil aus muslimischen Immigranten, aber auch einer Anzahl weißer Amerikaner und einigen Gruppen konvertierter Afro-Amerikaner besteht. Das alljährlich Treffen der ISNA ist die größte muslimische Versammlung in den USA.

ECKDATEN

Bauzeit: 2000–2005
Stil: modern mit osmanischen Einflüssen
Bauherr: Islamic Center of America
Interessant: Die Moschee des Islamic Center of America ist die größte amerikanische Moschee.

Bild Seite 138 oben: Frontalsicht der nagelneuen Moschee des Islamic Centers.

Bild Seite 138 unten: Der Koran - hier mit Gebetsperlen - liegt in den Moscheen für die Gläubigen bereit.

Nach einer Bauzeit von sechs Jahren und Kosten in Höhe von 15 Millionen $, die komplett aus Spenden finanziert wurden, wurde die große Moschee in Dearborn, Michigan, die zum Islamic Center of America (ICA) gehört, am 27. Mai 2005 eröffnet. Sie ist die größte Moschee der Vereinigten Staaten. Das zweistöckige Gebäude bietet bis zu 1.100 Gläubigen in der Gebetshalle und weiteren 2.000 im Versammlungsraum Platz. Die Moschee mit ihren leuchtend goldenen Kuppeln und den beiden Minaretten ist sogar vom Flugzeug aus zu sehen, wenn man den Flughafen von Detroit anfliegt.

Das Islamic Center of America wurde 1963 gegründet, mit der Absicht, einen friedlichen, liberalen Islam zu lehren, und um als Anlaufstelle für die wachsende muslimische Gemeinde zu dienen. Begonnen hat seine Geschichte aber bereits 1948 mit der Ankunft des Imams Mohammed Jawad Chirri, eines Mannes, der auf Bitten der damals winzigen muslimischen Gemeinde in Detroit, die überwiegend aus libanesischen Immigranten und deren Familien bestand, nach Amerika kam, obwohl er kein Wort Englisch verstand. Trotz aller Schwierigkeiten gelang es ihm, aus der Gemeinde, die im Lauf der Zeit fast vollständig von der christlichen Gesellschaft assimiliert worden war, wieder eine funktionierende muslimische Gemeinschaft zu formen.

لا اله الا الله محمد رسول الله

AUBURN GALLIPOLI MOSQUE
Sydney

Der Islam kam im 19. Jahrhundert nach Australien, als 1.800 malaysische Perlentaucher, die alle Muslime waren, angeheuert wurden, um an der Westküste Australiens zu arbeiten. Die meisten von ihnen kehrten im Lauf der Zeit in ihre Heimat zurück. In den 1860er-Jahren wurden Kamele nach Australien importiert, die dabei helfen sollten, das rote Herz des Landes zu erschließen. Mit den Kamelen kamen natürlich auch die Kameltreiber, von denen ein Großteil Muslime waren. Obwohl sie aus verschiedenen Ländern stammten, galten sie in Australien allgemein als „Afghanen". Im 20. Jahrhundert hatten es Muslime nichteuropäischer Abstammung schwer, nach Australien zu immigrieren, da die Regierung das Land „weiß" halten wollte. Einigen albanischen Muslimen gelang der Umzug nach Australien dennoch – vermutlich, weil sie europäisch genug aussahen. Im Jahr 1960 bauten die Albaner in Shepparton, im Bundestaat Victoria, die erste Moschee auf australischem Boden. Nach dem Zweiten Weltkrieg wurde die Einwanderungspolitik Australiens etwas gelockert, sodass sich zwischen 1967 und 1971 etwa 10.000 Türken im Land ansiedelten. Fast alle von ihnen gingen entweder nach Melbourne oder Sydney. Zu Beginn des 21. Jahrhunderts hatten sich bereits Muslime aus über 60 Ländern in Australien niedergelassen. 1975 begann aufgrund des Bürgerkriegs im Libanon eine Einwanderunsgwelle libanesischer Muslime. Bis heute sind die Libanesen die stärkste muslimische Fraktion in Australien. Der größte Teil der arabischstämmigen Bevölkerung lebt in Sydney, wo Muslime inzwischen immerhin 3,4 % der Einwohner ausmachen – das ist knapp die Hälfte aller australischen Muslime. Heute ist der Islam nach dem Christentum und dem Buddhismus die drittgrößte Religion des Landes.

ECKDATEN

Bauzeit: 1986–1999
Stil: klassischer osmanischer Stil
Architekt: Ömer Kirazoglu
Interessant: Der Bau der Moschee wurde komplett aus Spenden finanziert.

Bild Seite 140 oben: Blick auf die Hauptkuppel mit ihren Buntglasfenstern.
Bild Seite 140 unten ganz links: Das Minarett der Auburn Gallipoli Mosque.
Bild Seite 140 unten rechts: Muslimische Kalligraphie wird in Moscheen gern zur Dekoration verwendet.

Die erste Auburn Gallipoli Mosque öffnete am 3. November 1979 ihre Tore. Damals handelte es sich nur um ein ganz normales Haus, bei dem man im Inneren einige Wände entfernt hatte, um eine offene Gebetshalle zu schaffen. Die Bauarbeiten für die heutige Moschee begannen 1986. 13 Jahre später und fast 20 Jahre nach der Eröffnung der ersten Moschee wurde die neue Moschee am 28. November 1999 eingeweiht. Der Bau wurde immer wieder durch fehlende Finanzen aufgehalten, denn die 6 Millionen $ Baukosten wurden komplett aus Spenden finanziert.

Initiiert und organisiert wurde der Bau der neuen Auburn Gallipoli Mosque von der türkischen Gemeinde Sydneys. Unabhängig von ihrem ethnischen Hintergrund beteiligten sich aber auch viele andere australische Muslime an der Baufinanzierung. Heute besteht die Gemeinde zu etwa 50 % aus türkischstämmigen Mitgliedern und zu 50 % aus Mitgliedern vieler verschiedener ethnischer Abstammungen.

Die im klassisch-osmanischen Stil gebaute Moschee wurde vom Architekten Ömer Kirazoglu entworfen. Gebaut wurde die Moschee von Ahmet Asim, der viele Stunden kostenlos an der Moschee arbeitete.

Glossar

Darüssifa
Die Darüssifa ist ein muslimisches Krankenhaus, das oft zum Komplex einer großen Moschee gehört.

Dschihad
Der Dschihad ist ein wichtiges Glaubensprinzip im Islam. Er umfasst die Anstrengungen und Bemühungen zur Ausbreitung und Umsetzung des Islams. Im allgemeinen Sprachgebrauch ist damit aber meist der Glaubenskrieg gegen die Ungläubigen (= Nicht-Muslime) gemeint.

Fatima
Fatima war die fünfte und jüngste Tochter des Propheten Mohammed und spätere Ehefrau des Ali ibn Abi Talib.

Haddsch
Der Haddsch ist die islamische Pilgerfahrt nach Mekka, die zu den Pflichten eines jeden Muslimen, der dazu in der Lage ist, gehört. Der Haddsch ist eine der fünf Säulen des Islams.

Hamam
Der Hamam ist ein Dampfbad, eine Art Sauna, das im gesamten arabischen Kulturkreis verbreitet ist. Es ist ein wichtiger Bestandteil der islamischen Badekultur. Öffentliche Hamams sind streng nach Geschlechtern getrennt. Entweder gibt es von vornherein getrennte Räumlichkeiten, oder der Hamam wird von Männern und Frauen zu unterschiedlichen Zeiten genutzt.

Hidschra
Die Hidschra war die Auswanderung Mohammeds aus Mekka nach Medina im Jahr 622. Sie markiert den Beginn der islamischen Zeitrechnung.

Ihram
Der Ihram bezeichnet den Weihezustand, in dem sich der Pilger während der Haddsch nach Mekka befindet.

Kalifat
Das Kalifat ist eine Form der politischen, militärischen und religiösen Herrschaft, die von den direkten Nachfolgern Mohammeds eingeführt wurde.

Karawanserei
Eine Karawanserei war eine ummauerte Herberge, die an den Karawanenstraßen lag. Sie boten den Reisenden samt ihren Tieren und Handelswaren einen sicheren Platz zum Übernachten. Große Karawansereien fungierten oft auch als Warenlager und Handelsplatz.

Kibla
Die Kibla (oder auch Qibla) ist die Gebetsrichtung, die den muslimischen Gläubigen im Koran vorgeschrieben wird. Sie ist genau auf die Kaaba in Mekka ausgerichtet. Egal wo auf der Welt sich der Gläubige befindet, er muss immer in Richtung Mekka beten. In vielen muslimischen Ländern wird die Kibla z. B. auch in Hotelzimmern durch eine Markierung angezeigt.

Kiswah
Die Kiswah ist ein schwarzes Brokattuch, das mit Ornamenten und Koransuren aus Gold- und Silberfäden bestickt ist und die Kaaba in Mekka umhüllt.

Knabenlese
Die Knabenlese war eine im Osmanischen Reich praktizierte Zwangsrekrutierung von christlichen Kindern und Jugendlichen. Sie mussten zum Islam übertreten und wurden dementsprechend erzogen. Später mussten sie in der osmanischen Armee dienen oder in der Verwaltung arbeiten.

Koran
Der Koran ist die Heilige Schrift des Islams. Er enthält nach dem Glauben der Muslime Gottes (Allahs) wörtliche Offenbarung an Mohammed, die durch den Erzengel Gabriel überliefert wurde.

Külliye
Külliye ist der Sammelbegriff für alle sozio-religiösen Einrichtungen, die man in einer großen Moschee findet. Zu einer Külliye gehören eine Schule, ein Krankenhaus, eine Armenküche, ein Bad sowie gelegentlich auch eine Karawanserei.

Medrese
Der Begriff Medrese (arabisch: Madrasa) bedeutet „Ort

des Unterrichts“. Die Medrese ist eine islamische Lehreinrichtung, die sich sowohl um die sakralen als auch um die säkularen Belange der Schüler kümmert. Eine Medrese ist oftmals integrierter Bestandteil einer Moschee oder befindet sich zumindest ganz in der Nähe.

Mihrab
Der Mihrab ist die Gebetsnische in einer Moschee. Im Mihrab befindet sich die Kiblamarkierung, zumeist an einer Wand. Während der täglichen Gebete ist der Mihrab der Ort des Imams (Vorbeter).

Minbar
Der Minbar ist die Kanzel in einer Moschee und befindet sich meist neben dem Mihrab. Vom Minbar aus hält der Chatib (islamischer Prediger) am Freitag die Predigt. Der Ursprung des Minbars geht bis auf den Propheten Mohammed zurück, der sich erhöht hingesetzt hatte, damit ihn die Gläubigen besser sehen konnten.

Mohammed
Der Prophet Mohammed ist der Gründer der islamischen Religion. Mohammed wurde als Mitglied des Stammes der Kuraisch in Mekka geboren. Nach seinem Tod wurde er in Medina beerdigt, und zwar an der Stelle, an der heute die „Moschee des Propheten“ steht.

Muezzin
Der Muezzin ruft die Gläubigen fünfmal täglich zum Gebet. Früher musste er dazu das Minarett besteigen, heute gibt es zumeist moderne Lautsprecheranlagen, die ihm diesen Weg abnehmen.

Musalla
Die Musalla war ursprünglich ein durch Mauern oder Ähnliches abgetrennter, offener Gebetsplatz der Muslime. Heute wird damit überwiegend der Hauptgebetssaal einer Moschee bezeichnet.

Schari’a
Die Schari’a ist das islamische Recht. Es ist eine religiöse Pflichtenlehre, die alle Bereiche des muslimischen Lebens regelt.

Schiiten
Die Schiiten stellen die zweitgrößte Konfession innerhalb des Islams. Sie sind Anhänger des Ali ibn Abi Talib und glauben, dass nur ein direkter Nachfolger aus der Linie Mohammeds göttlich legitimiert ist.

Souk
Ein Souk ist das Geschäfts- bzw. Einkaufsviertel in einer arabischen Stadt.

Sufi
Ein Sufi ist ein islamischer Mystiker.

Sunniten
Die Sunniten bilden weltweit die Mehrheit aller Muslime. Sie stellen den Zweig des Islams dar, der aus dem Kalifat entsprang.

Tawaf
Die rituelle Umrundung der Kaaba durch die Pilger nennt man Tawaf.

Türbe
Eine Türbe ist ein muslimisches Grabmal oder Mausoleum. Meist handelt es sich dabei um einen turmartigen Grabbau mit einer Krypta oder einem Gebetsraum. In vielen Moscheen findet man die Türben bedeutender Herrscher.

Trucial States
Die sogenannten Trucial States waren die Staaten der ehemaligen „Waffenstillstandsküste“ am Persischen Golf (nach dem Abkommen mit Großbritannien). Sie bestanden aus den Emiraten Abu Dhabi, Dubai, Schardja, Ajman, Umm al-Qaiwain, Ras al-Khaimah sowie Fujairah. Diese Staaten haben sich heute zu den Vereinigten Arabischen Emiraten zusammengeschlossen.

Umrah
Die Umrah ist die kleine Pilgerfahrt nach Mekka, die im Gegensatz zum Haddsch zur jeder Zeit des Jahres durchgeführt werden kann.

Register

Bildnachweis

o = oben, u = unten, l = links, r = rechts, m = Mitte

S. 8 picture-alliance/KPA/Hackenberg; 11 akg-images/Erich Lessing; 12/13 picture-alliance dpa/dpaweb; 14 picture-alliance/Godong; 15 Corbis, Fotograf: David Paterson; 16 akg-images/L. M. Peter; 18, 19 picture-alliance/dpa; 20/21 o, 20 ul mauritius images/Photononstop; 20 um picture-alliance/dpa; 22/23 picture-alliance/akg-images/Joseph Martin; 24/25 picture-alliance/Bildagentur Huber; 28/29 picture-alliance/akg-images/Gérard Degeorge; 32, 33 or picture-alliance/dpa; 33 u akg-images/Gérard Degeorge; 36 picture-alliance/KPA/Hackenberg; 38/39 picture-alliance/Bildagentur Huber; 42, 43 picture-alliance/KPA/Hackenberg; 45 picture-alliance/akg-images/Erich Lessing; 48 picture-alliance/ZB; 49 akg-images/Jean-Louis Nou; 50 ul picture-alliance/dpa/dpaweb; 50 ur akg-images/Jean-Louis Nou; 51 picture-alliance/Bildagentur Huber; 54 ul picture-alliance/Godong; 56 akg-images/Erich Lessing; 57 picture-alliance/dpa; 62/63 picture-alliance/dpa/dpaweb; 64/65, 66, 67, 68/69, 70, 71 picture-alliance/dpa; 72/73 picture-alliance/dpa/dpaweb; 74/75 picture-alliance/Bildagentur Huber; 76/77 mauritius images/Peter Widman; 78, 79 picture-alliance/Godong; 82/83 mauritius images/age fotostock; 84 o picture-alliance/dpa/dpaweb; 84 ul mauritius images/CuboImages; 84 ur picture-alliance/dpa/dpaweb; 85 picture-alliance/dpa; 88/89 mauritius images/Steve Vidler; 90 mauritius images/Pixtal; 91 picture-alliance/HB-Verlag; 92/93 picture-alliance/dpa; 94 mauritius images/Pacific Stock; 95 picture-alliance/dpa; 96 o picture-alliance/Godong; 96 u, 97 picture-alliance/dpa; 100/101 picture-alliance/KPA/Schug, Bruno; 102, 103 picture-alliance/Godong; 104 or picture-alliance/dpa/dpaweb; 108 mauritius images/Giorgio Ricatto; 109 mauritius images/mauritius RF; 110/111 picture-alliance/dpa; 112 picture-alliance/Bildagentur Huber; 114/115, 118 ul picture-alliance/dpa; 118 ur picture-alliance/akg-images/Erich Lessing; 120 mauritius images/Pixtal; 122/123 mauritius images/imagebroker.net; 124 akg-images/Hervé Champollion; 125 o mauritius images/Pixtal; 125 u akg-images/Hervé Champollion; 126/127 picture-alliance/Bildagentur Huber; 128 mauritius images/Rene Mattes; 134 picture-alliance/akg-images/Werner Forman; 135 mauritius images/Richard Mayer; 136/137 akg-images/Gérard Degeorge; 138 o Corbis, Fotografin: Rebecca Cook; 138 u picture-alliance/Godong; 140 o und 140 ul Helen Yee, Sydney; 140 ur picture-alliance/Godong

Shutterstock, Inc.: S. 6/7, 9, 26, 27, 30/31, 34/35, 40/41, 46/47, 52/53, 54 ol, 55, 58/59, 60, 61, 80/81, 86/87, 98/99, 104 l, 104 mr, 113, 116/117, 119, 129, 130, 131

Fotolia: S. 37, Fotograf: Andre Klaassen; 106/107, Fotograf: Johan Karlsson; 132/133, Fotografin: Natasha Owen